Karl-Heinz Bittl-Weiler

Wer streitet, hat mehr vom Leben

Konflikte konstruktiv bearbeiten

Impressum

A.T.C.C. ® ist eine eingetragene Marke
Umschlag und Gestaltung: Jörg Mitzkat

Autoren-Webseite: https://fit-for-conflict.de/
E-Mail-Adresse: kontakt@eiccc.org

Bibliografische Informationen der Deutschen National-bibliothek: https://www.dnb.de

ISBN 978-3-95954-154-1
www.mitzkat.de
Verlag Jörg Mitzkat
Holzminden, 2024

Karl-Heinz Bittl-Weiler

Wer *streitet* hat mehr vom Leben!

Konflikte konstruktiv bearbeiten

Eine Einführung in den A.T.C.C. ® - Ansatz

Inhalt

Vorwort

Liebe*r Leser*in,
wer streitet, hat mehr vom Leben! Das ist eine These, die bestimmt bei ihnen einiges an Bauchgrimmen auslöst. Streit oder Konflikt ist in der Regel unangenehm und fast jede*r sucht ihn deshalb auch zu vermeiden. Doch meist trägt die Vermeidung erst recht dazu bei, dass ein Streit richtig unangenehm werden kann. Ich kenne dies aus vielen Vermeidungsaktionen, die ich gemacht habe. Am Ende sind es Beziehungsabbrüche, Verletzungen und gar größere Schäden, die dabei herausgekommen sind. Es hat auch wenig Sinn, ständig Menschen zu suchen, die für das eigene Elend verantwortlich sind. Konflikte von sich weg zu denken, nützt niemanden etwas. Klar finden wir Verursacher und Verantwortliche für vieles Elend auf der Welt. Wir haben viele Vorstellungen, wie sie Schuld auf sich laden. Wir können auch nicht alles Elend bekämpfen. Doch wir können diese Ursachen aufzeigen und andere ermutigen an dieser Stelle mit uns für Menschenrechte und nachhaltige Entwicklung zu streiten.

Streit ist konstruktiv, wenn wir uns als ein Teil davon wahrnehmen. Wenn wir unser eigenes Anliegen darin finden. Meine Kollegen*innen und ich haben dafür Erklärungsmodelle entwickelt, die uns in der Bearbeitung von persönlichen Konflikten, wie auch in der politischen Auseinandersetzung helfen. Die Modelle sind Hilfen, nicht die Wahrheit. Mit diesen Modellen kann ich oder die Menschen, die sich damit beschäftigen, den „Hebel der Veränderung“ finden und in Bewegung setzen.

Dieses Büchlein ist eine Einladung, Konflikte und somit auch unser gesamtes Leben aus einer anderen, wahrschein-

lich bekannten Perspektive zu betrachten. In jeder der genannten Ebenen gibt noch Tiefenschichten, auf die ich sie neugierig mache, doch hier nicht vertiefe. Das methodische Spektrum in der Bearbeitung von Konflikten ist groß und vielfältig. Unser Spezifikum ist die Beziehung. Wir sind immer Teil des Konfliktes, den wir bearbeiten. Das ist radikal – von der Wurzel her – auf uns als soziale Lebewesen ausgerichtet. Wenn ich als Berater und als Trainer am Ende keine Vorstellung habe, was mir meine Arbeit selbst an Entwicklung gebracht hat, war diese Tätigkeit vergeblich. Wenn ich mich von lebendigen Prozessen eines Konflikts abschneide, entwickelt sich nichts. Diese Vorstellung einen Konflikt mechanisch, nach einem feststehenden Verfahren zu bearbeiten, selbst außen vor zu bleiben, ist weit verbreitet. Ich behaupte, dass Menschen, die mit dieser distanzierten Weise „für" andere da sind, diese für eigene, verdeckte Themen missbrauchen. Gehen sie mit diesen Themen offen um, so sind sie in ihrer Bedürftigkeit verletzlich, doch in Beziehung.
Mein Kollege Hervé Ott, meine Kollegin Karen Johne und viele andere haben an diesem Ansatz mitgewirkt. Wir alle konnten aus den Ausbildungen, die wir als Ausbilder*innen und Lernende durchliefen, so viel mitnehmen und daraus beitragen, dass diese Idee ein Werk von Vielen geworden ist. Hier ist nun eine kurze Zusammenfassung. Ein Vorgeschmack für kommende, ausführliche Bücher. Ich habe Freude daran, den Ansatz in Zeilen zu fassen und hoffe, dass sich diese Freude beim Lesen auf Sie überträgt.

Wozu A.T.C.C. als Ansatz der Konfliktbearbeitung?

In dem Buch von Rutger Bregman: Im Grunde gut![1] beschreibt er, wie andere[2] vor ihm, dass wir als Menschen auf das „Gute" ausgerichtet sind. Wir brauchen einander und versuchen deswegen auch das Gute zu tun. Er widerlegt viele der sozialwissenschaftlichen Untersuchungen, die belegen wollen, dass der Mensch vom Grunde her Egoist, unsozial und eine Bedrohung für sich selbst ist. Das Problem von uns Menschen scheint es zu sein, dass wir unser „Gut sein" nicht generell auf alle Menschen übertragen und dass es Strukturen und Kulturen gibt, welche die egoistischen, unsozialen und bedrohlichen Eigenschaften in uns fördern. Konflikte sind in solchen Systemen keine Klärungen, sondern schwierig, gefährlich und zu unterbinden.

Das Paradoxe daran: Kriege scheinen jedoch möglich zu sein. Aus diesem Grund wird fast eine Billion Dollar jährlich für Rüstungsgüter ausgegeben. Für eine konstruktive Konfliktbearbeitung sind es ein Prozent[3] von diesem Betrag. Dabei wäre es einfacher, den Menschen in seinem Gut-sein zu ermutigen und damit mehr Konflikte auf konstruktive Weise zu führen und Wege zu finden wie ein Zusammenleben ohne Gewalt gelingen kann.

---

1 Rutger Bregman: Im Grunde gut. Eine neue Geschichte der Menschheit, 2020

2 Erich Fromm: Wege aus der kranken Gesellschaft, Gesamtausgabe Band 4, 1980, Tzvetan Todorov: Mémoire du mal Tentation du bien, 2000, ders: Abgesichts des Äußersten, 1993;

3 Schätzung, die sich auf Ausgaben der westlichen Welt im Bereich des Zivilen Friedensdienstes bezieht.

Was wir erreichen wollen:

- Wir Menschen lernen unsere Bedürfnisse zu benennen und sie situationsgerecht an die Menschen heranzutragen, die es betrifft. So lernen wir zu verhandeln, wieviel Anerkennung wir erhalten, wie wir Zuneigung oder Liebe erfahren oder wie wir Sicherheit erleben möchten. Wir entwickeln einen achtsamen Zugang zu uns selbst. Wir lernen, dass unsere Verhaltensmuster oder angelernten Skripts kein Drama sind, sondern einen Hinweis geben, welche Ängste und damit Bedürfnisse verhandelt werden sollen.
- Dazu braucht es unsere Sinne, um einen lebendigen Zugang zu unseren Grenzen zu finden. Wir lernen unsere Gefühle zu empfinden und unser Denken für die Wahrnehmung zu gebrauchen. Dies wollen wir von Kindesbeinen an fördern. Wir ermutigen Eltern, Erzieher*innen und Lehrkräfte sich selbst und den Kindern einen Zugang zu diesen drei Wahrnehmungsebenen zu verschaffen: Sinne, Gefühl und Denken.
- Wir können mit Wut umgehen, indem wir ihr einen Ausdruck geben, dabei jedoch keinen Schaden erzeugen. Wir können traurig sein und haben eine Idee wie wir Trost finden. Wir erleben die Angst als Unterstützerin und versuchen ihr den Platz zu geben, den sie in unserem Leben hat: die Wächterin der Bedürfnisse. Wir lernen unsere Bedürfnisse zu benennen. Wir wissen, dass sie gut und wichtig sind. Wir unterscheiden zwischen menschlichen, sozialen Bedürfnissen wie z.B. Liebe und Anerkennung und

dem physischen Bedarf wie z.B. saubere Luft, Wasser und Nahrung, die wir ebenfalls für das Leben brauchen.

- Wir entdecken, wie wichtig es ist, **Strukturen** zu schaffen, die z.B. würdevoll, gerecht und gesund sind. Dieses Wissen über unsere Lebensbedingungen schafft die Grundlagen, dass wir unsere Potentiale in Richtung Frieden entwickeln können. Wir können auf lange Sicht eine werteorientierten Gestaltung von **Räumen** aber auch einen nachhaltigen Umgang mit dem Lebensort Erde entwickeln. Wir finden Zeit für uns selbst und Andere. Wir können **Zeit** als wichtige Lebenszeit wahrnehmen und auch durchsetzen, dass sie sinnvoll gefüllt ist. Wir finden eine nachhaltige und gerechte Verteilung von **Gütern** im näheren wie im weltweiten Bereich. Vor allem setzen wir klare Vorgaben zu den Gütern, die dem Gemeinwohl zur Verfügung stehen müssen wie Wasser und Lebensmittel. Güter dürfen nicht krank machen! Wir gehen von einer menschenwürdigen Klärung der **Zugehörigkeiten** aus. Es kann nicht sein, dass zugewanderte Menschen an einem Ort leben und arbeiten und sich ständig dafür rechtfertigen müssen. Wir sind alle der Menschheit zugehörig und diese unsere Lebensform ist in Gefahr. Von daher ist es wichtig, die Menschheit als Ganzes in ihrer Zugehörigkeit auf dieser Erde zu sehen. Wir gehen davon aus, dass **Macht** in Gruppen und der Gesellschaft notwendig ist. Sie muss aber konstruktiv gestaltet sein. Wir vermitteln Methoden, wie gegen Ohnmachtsstrukturen gekämpft werden kann. Auch schauen wir kritisch auf die Allmacht, die in manchen Bewegungen entsteht. Es braucht dafür ein lebendiges Rollenverständnis. Wir sind in formalen Rollen verantwortungsvoll eingebunden, zugleich machen die nonformalen **Rollen** dieses Handeln lebendig. Wir unterstützen somit den Zugang zu unseren biografischen, nicht klar beschriebenen Rollen und laden ein, sie bewusst zu benennen und auch leben zu können.

- Wir verstehen Regeln oder Gesetze als Rahmenbedingungen für die Umsetzung der **Werte**. So hat eine **Regel** oder ein Gesetz immer einen Bezug zu dem, was eine gemeinsame Orientierung für die Organisation oder Gesellschaft ist. Diese Orientierung sollen die Grundwerte der Menschenrechte und der Verfassungen sein. Werte verstehen wir als positive Orientierungen, die uns Tag für Tag herausfordern: die Würde, die Wahrheit, die Gerechtigkeit, die Ehre, die Gleichheit, die Schönheit, die Freiheit, die Gesundheit, die Solidarität und die Treue. Sie sind integrale Bestandteile des personalen wie strukturellen Handelns. Durch diese Orientierung wird unsere Konfliktbearbeitung konstruktiv. Sie ist an diesen ausgerichtet und nicht neutral.
- Wir erinnern uns an diese Werte durch **alltägliche Rituale**. Zum Beispiel, in dem wir uns bewusst werden, dass wir in „Würde" den Tag beginnen und beenden. Wir verfügen über ein vielfältiges Spektrum an Ritualen zur Vergebung und Versöhnung. Wir wissen, dass Rituale notwendig sind um Übergänge wie einen Anfang oder ein Ende zu markieren.
- Wir verstehen unsere kulturellen Prägungen als etwas, das ständig neu entdeckt werden darf. **Unsere**

Kultur ist vielfältig geprägt worden. Die nationalen Bedingungen sind nur Bruchstücke dieser Prägung. Herkunft, Landschaft, Beruf oder Geschlecht sind ebenfalls wichtige Einflussfaktoren für die kulturelle Orientierung. Mittels Kultur legitimieren wir unser Denken, Fühlen und Handeln. Wir deuten damit die Werte und schaffen Symbole, welche diese ausdrücken. Schönheit in der Architektur ist eine kulturelle Deutung. Wir verfügen über eine Kultur, in der Konflikte wichtig für das Zusammenleben sind. Deswegen gibt es in unserer Gesellschaft oder unserem Team viele Konflikte, die angesprochen und konstruktiv bearbeitet werden. Schwierig wird es, wenn sich Menschen durch eine rassistische oder nationalkulturelle Einstellung verweigern. Sie vermitteln ein Bild, dass durch eine „Reinheit“[4] in der Kultur, die Konflikte abnehmen oder gar aufhören. Diese Sicht hat unzähligen Menschen auf dieser Erde viel Elend gebracht. In Deutschland wurden Millionen Menschen nach willkürlichen Merkmalen ermordet. Diese Vereinfachung scheint heute wieder reizvoll. „Wenn alle das gleiche denken, fühlen und handeln, wird alles besser.“ Dagegen anzugehen, ist schwierig. Daher können wir nur immer wieder betonen, dass der Konflikt ein wichtiger Entwicklungsfaktor einer Gesellschaft ist und dialogisch wie konstruktiv ausgetragen werden muss.

---

4 Den Begriff „Reinheit“ verwende ich hier, da viele rassistische Ideologien von einer Vorstellung ausgehen, dass eine andere, fremde Kultur sie beschmutzen würde. Sehr interessant ist es das in dem Zusammenhang mit „kultureller Aneignung“ von einer ähnlichen Vorstellung ausgegangen wird. Siehe Susan Neiman, Links ist nicht gleich woke, 2023,

Dies sind die Grundzüge unseres Ansatzes. Ich kann verstehen, dass auf den ersten Moment dazu ein Widerspruch auftaucht. Doch nun ist es eigentlich schon geschehen. Sie haben erfahren, dass Konflikte wichtig im Leben sind. Sie haben weiterhin erfahren, dass wir uns um unsere Bedürfnisse kümmern dürfen. Wiederum haben Sie mitbekommen, dass wir Strukturen ändern können und die Vielfalt für ein lebendiges Zusammensein brauchen. Damit sind wir schon auf einem gemeinsamen, die uns mit vielen Menschen dazu beitragen lässt, unsere Bedingungen auf dieser Welt „gut" zu gestalten.

Der Tanz der Elemente

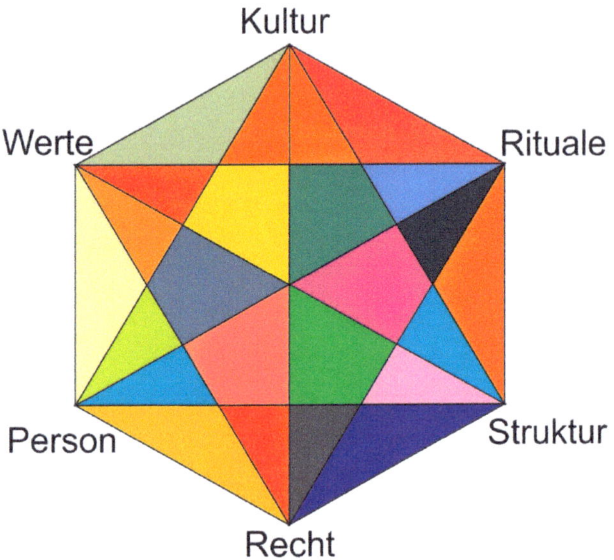

In der Entwicklung des A.T.C.C.-Ansatzes haben wir sechs verschiedene Ebenen oder Elemente eines Konfliktes herausgefunden. Diese einzelnen Elemente (Person, Regeln, Struktur, Rituale, Kultur und Werte) helfen uns, einen Konflikt sinnvoll zu bearbeiten. In jedem Konflikt sind alle Elemente aktiv. Sie sind nur nicht gleich stark gegenwärtig. Wenn wir erkennen, welche Elemente im Konflikt Vorrang haben, also welche Präferenz vorliegt, so können wir den Konflikt gezielter bearbeiten. Dazu haben wir Indikatoren entwickelt, die uns eine Selbsthilfe im Konflikt sein können. In der Beratung hilft sie den Klient*innen, damit sie leichter eine Orientierung in einem komplexen Konfliktgeschehen finden. In der Überschrift nehme ich das Bild eines Tanzes.

Die einzelnen Elemente sind oftmals wie eine Choreografie. Zuerst tanzen einzelne im Vordergrund, dann wieder alle zusammen. Wir gehen in der Konfliktbearbeitung auf die Suche, was die dominante Größe ist und beziehen dann die anderen mit ein. Es gibt also nicht nur den persönlichen Konflikt. Es sind immer andere Themen mit involviert

Indikatoren sind:

- Gerate ich in einen Streit, der sich situativ abspielt, ist der Konflikt eher **personal**. Es geht um unsere Bedürfnisse, die nicht zufrieden gestellt wurden. Meist sind wir dann über die Angst in ein Verhaltensmuster gegangen und kämpfen, flüchten oder passen uns an. Als Bearbeitungsmittel haben wir die Kommunikation oder Konfrontation zur Verfügung.
- Wiederholt sich dieser Streit immer wieder und nimmt sogar eskalierende Züge an, so liegen häufig **strukturelle Themen** zugrunde. Hier brauchen wir eine Konfliktanalyse und auch einen Plan, wie dieser strukturelle Konflikt bearbeitet werden kann. Es gibt eine Reihe von Methoden, um in einem strukturellen Konflikt einen sinnvollen Dialog zu erreichen, wie Rollen geklärt oder Verantwortung und Vertrauen verhandelt werden kann. Die Methoden sind von uns im erzieherischen wie im gesellschaftlichen Raum effektiv eingesetzt worden. Ein Beispiel: Wird das Verhalten eines Kindes immer auffälliger und gewalttätiger, so kann davon ausgegangen werden, dass die Ursache bei unklaren Rollen, Machtmissbrauch oder unsicheren Grenzziehungen liegt. In einer Konfliktanalyse werden alle Faktoren, denen dieses Kind ausgesetzt ist, zusammengefasst. Da-

rin kann erkannt werden, wo die effektivste Form pädagogischen Handelns liegen kann. Ein klassischer gesellschaftlicher Konflikt ist die Integration. Wer wird wie Teil einer Gesellschaft? Erkenne ich zum Beispiel, dass es dazu Wissen über die Regeln braucht, so kann ich dies vermitteln. Erkenne ich, dass die strukturellen Bedingungen so angelegt sind, dass neu hinzukommende Menschen keine ökonomische Teilhabe an der Gesellschaft haben können, so kann ich dafür kämpfen, dass sie eine Arbeitserlaubnis bekommen, usw. Dafür brauche ich viele Menschen, die mit mir und den Zuwander*innen solidarisch sind. Ich wähle also Aktionsformen, die mich und andere auf Augenhöhe mit dem Anliegen in Verbindung bringen. Dafür haben wir z. B. passende Analyse- und Handlungswerkzeuge entwickelt.

➢ Erleben wir uns wiederholt in einem **Dilemma**, finden keinen Sinn in unserem Tun und ermüden ohne ersichtlichen Grund, so kann ein **Wertekonflikt** vorliegen. Wir können uns der eigenen Werte bewusst werden und mit Hilfe eine*r Supervisor*in oder Berater*in herausfinden, zu welchen Werten der Bezug verloren wurde. So kann auch diese Suche nicht nur „privat" stattfinden. Werte-Konflikte brauchen einen öffentlichen Dialog, der durch spezielle Aktionen bewirkt werden kann. Mittels unzähliger Methoden kann auch auf Organisationsebene dazu gearbeitet werden, da auch Organisationen sehr unsinnig und wertlos existieren können. Auf der Organisationsebene fällt dies vor allem durch massiven Personalwechsel und Krankheit auf.

- Können sich Menschen nicht integrieren, fühlen sich lange fremd und haltlos, kann es sein, dass weder **Rituale noch klare Regeln** existieren. Rituale und Regeln geben den Rahmen für eine Gruppe und Organisation. Werden diese nicht vermittelt, so geschehen immer wieder Konflikte mit Abwertungen. Hier kann mit der Offenlegung vorhandener gemeinsamer Rituale oder Regeln gearbeitet werden.
- Bei den **Regeln** müssten auch noch die vereinbarten Sanktionen vermittelt werden. Existieren keine transparenten Sanktionen, so sind die Regeln nicht umsetzbar. Dann kann von Erwartungen oder Zielen gesprochen werden. Erwartungen und Ziele können aber nicht sanktioniert werden. Sie brauchen viel mehr einen pädagogischen Weg um erreicht zu werden.
- Gerate ich immer wieder in Verwirrungen oder fühle mich gekränkt, so spielt die **kulturelle Ebene** hier eine große Rolle. Dazu braucht es Bearbeitungswerkzeuge, die gemeinsame und trennende Linien im Team oder in der Gesellschaft sichtbar machen. Visualisierende Methoden sind hier hilfreich. Soziometrie, Skulpturen oder Bilder können dabei enorme Dienste leisten. Kulturelle Differenzen brauchen die Anerkennung, dass sie vorhanden sind und zugleich ein Wissen darum, wo sie auftreten. Ein Beispiel: Wenn ein Vater einer Erziehenden die Hand zum Gruß gibt, die diesen auch erwidert, so gehen beide von einem gemeinsamen kulturellen Verständnis eines Grußes aus. Gibt er keine Hand, kann es zu einer Irritation bis zur Kränkung bei der Erziehenden kommen, falls die Begrüßungskultur der

Erziehenden von einem Handschlag ausgeht. Hier sind auch sofort die Werte mit im Spiel. Hier müsste geklärt werden, welches Ritual gilt und dies vermittelt werden. Das Ritual kann gezeigt werden. Damit wird es visuell und kann besprochen werden.

Auch hier habe ich oft den Eindruck, dass viele Menschen diese Möglichkeit, Konflikte konstruktiv zu bearbeiten, nicht sehen wollen. Wie geht es Ihnen damit? Macht es Sie neugierig und wollen Sie weiterlesen? Ich gehe etwas mehr ins Detail und lade sie dazu ein, diese unterschiedlichen Möglichkeiten als Chance wahrzunehmen. Johan Galtung, ein wichtiger Friedensforscher, hat einmal den Satz geprägt: „Je höher die Komplexität eines Konfliktes gesehen wird, desto mehr Möglichkeiten der Bearbeitung habe ich.“ Das überrascht? Haben wir doch immer gelernt, einen Konflikt möglichst zu vereinfachen und zu reduzieren. In unseren Projekten mit den Kindern haben wir die Erfahrung gemacht, dass bereits Grundschulkinder in der Lage sind, einen Konflikt komplexer wahrzunehmen. Wir nennen dies den Adlerblick, da er von oben mehr überschauen kann. Voraussetzung ist, anzuerkennen, dass wir Gefühle in einem Streit oder in einem Konflikt haben.

Konflikte sind unangenehm

Konflikte sind für viele Menschen etwas Unangenehmes. Sie wollen sie am liebsten vermeiden. Mit einem Konflikt verbinden Menschen oft Gefühle, die sie als unangenehm wahrnehmen. Neben dem Ärger, der Wut oder der Trauer ist in einem Streit die Angst immer gegenwärtig. All diese Gefühle werden in unserer Gesellschaft als schwierig oder problematisch erachtet. Sie sind aber nicht gefährlich, sondern ein wichtiger Hinweis darauf, dass wir etwas ändern sollten. Gefährlich werden diese Gefühle dann, wenn wir sie leugnen, unterdrücken und mit Gewalt auf andere übertragen wollen. Akzeptieren wir unsere Gefühle, dann sind wir in der Lage, auf das zu hören, was sie uns mitteilen.

Ein persönlicher Konflikt entsteht, wenn ein Bedürfnis gefährdet ist. In einen Konflikt zu geraten, ist somit - so schmerzhaft er auch erst einmal ist - ein wichtiger Impuls, um etwas zu verändern. **Konflikte helfen uns, ein besseres Zusammenleben zu erreichen. Konflikte bringen uns dazu, uns zu verändern und in Kontakt mit anderen Menschen zu gelangen. Somit sind Konflikte ein wichtiges Regulativ für unser gemeinsames Leben auf der Erde.** In einem Konflikt geht es jedoch nicht nur um Bedürfnisse, sondern auch um Bedingungen, die z. B. als ungerecht erlebt werden oder um Missverständnisse, die durch kulturelle Unterschiede entstehen.

Das Schwierige ist nicht der Konflikt an sich, sondern die Weigerung, **den eigenen Anteil** an einem Konflikt wahrzunehmen und ihn auch bearbeiten zu wollen. Konstruktive Konfliktbearbeitung bedeutet, auch sich selbst verändern zu wollen. Wer sich nicht ändern will, lenkt durch Schuldvorwürfe von sich ab oder entwickelt eine massive Unterdrückung gegenüber dem*der anderen Konfliktbeteiligten. In beiden Formen endet diese Vermeidung in gewaltgeladenen Auseinandersetzungen. Die Devise, die dabei mitgeteilt wird, lautet: Wenn es Dich nicht gäbe, hätten wir keine Probleme. So werden viele Chancen, die einem Konflikt innewohnen, vergeben und die Tür für Gewalt geöffnet.

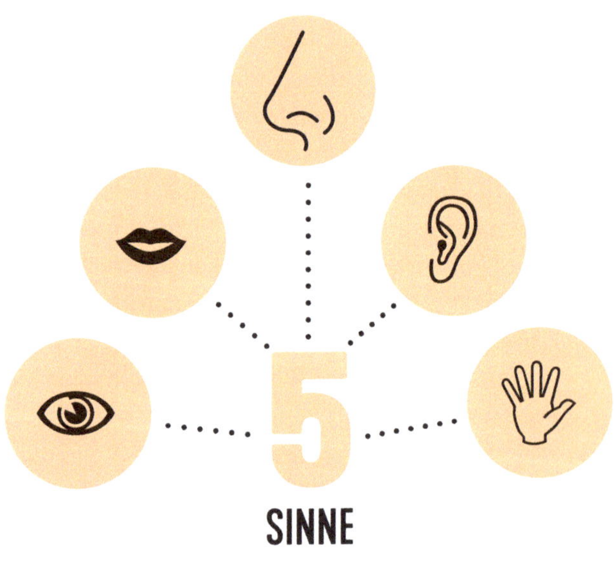

Konflikt wahrnehmen

Konflikte sind sehr wichtig für unser Zusammenleben auf dieser Erde, in jedem Land, jeder Stadt, jedem Stadtteil, jeder Firma, jeder Familie und unter Freund*innen. Wer Konflikte hat, verfügt über die Fähigkeit, eine Beziehung aufzubauen und zu gestalten. Gut ist es, wenn wir Konfliktthemen frühzeitig wahrnehmen, um sie ohne Gewalt bearbeiten zu können.

Wahrnehmen ist eine der Grundkompetenzen dieses Konfliktbearbeitungsansatzes. Das bedeutet: Offen sein für das, was sich anbietet. Im Unterschied zum Beobachten sind wir in der Wahrnehmung aktiv Beteiligte. Wahrnehmen hat etwas mit uns zu tun. Dadurch sind in wir in Beziehung zu uns und unserem Gegenüber wie auch mit der Umwelt.

Wahrnehmen hat im A.T.C.C.- Ansatz unterschiedliche Ebenen.

1 Wir nehmen durch unsere **Sinne** wahr. Wir sehen, tasten, schmecken oder hören etwas, das uns achtsam sein lässt. So kann es sein, dass wir etwas nicht mehr „mit ansehen wollen" oder etwas „nicht nach dem eigenen Geschmack" verläuft, es einfach „nicht mehr zu ertragen" ist oder wir vieles „nicht mehr hören" wollen. Die Sprachen der Welt sind hier oft eindeutig und geben Hinweise auf unsere Wahrnehmung. Wenn wir in diesen Situationen auf uns achten, dann können wir uns fragen, um was es uns dabei geht.

Eine kleine Übung: *Suchen Sie Sich einen ruhigen Platz, an dem Sie etwas länger verweilen können. Schließen Sie die Augen und nehmen Sie all das wahr, was Sie umgibt. Sie nehmen*

Wärme oder Kälte wahr. Sie können andere Menschen in der Nähe spüren, riechen oder sehen, wenn Sie die Augen öffnen. Die Frage ist, ob Sie sich selbst wahrnehmen können. Können Sie Ihre eigenen Reaktionen erspüren, den Herzschlag oder die zusammenziehende oder sich weitende Haut? Solange Sie sich selbst nicht wahrnehmen in dem Gesamten, sind Sie am Beobachten. Das gilt auch umgekehrt. Wenn Sie sich nur selbst beobachten, nehmen Sie Andere(s) nicht wahr. Sie bleiben in der Distanz zu dem, was Sie umgibt.

1 Wir nehmen durch unsere **Gefühle** wahr. Wenn etwas nervt, etwas ärgert oder uns zur Wut bringt, dann handelt es sich um Konfliktthemen. Wenn wir traurig sind, kann auch ein Konflikt dahinterstecken. Vor allem aber dann, wenn wir Angst spüren, ist ein Konflikt im Entstehen.

Eine kleine Übung: *Denken Sie an eine Begegnung, die Sie vor Kurzem hatten. Fühlen Sie in sich hinein und achten auf die Ängste, die Sie in dieser Begegnung hatten. Sie hatten keine Ängste? Dann gibt es ein Verbot zu fühlen. Sie hatten nur Freude? Dann fühlen Sie genau hin, was Ihnen Freude be-*

reitet hat. Ein „es ging mir gut" beschreibt nur die Vorgehensweise nicht das Gefühl. Wie ist das mit den Ängsten, dürfen Sie diese fühlen ohne sich gleich abwerten zu müssen?

2 Wir nehmen durch unsere **Gedanken** wahr. Viele glauben, dass uns unser Denken zur „Vernunft" bringen kann. Das ist auch richtig. Nur können wir in Gedanken durch die Zeiten wandern, Verknüpfungen zu bestimmten Ereignissen ziehen, Hypothesen aufstellen, Phantasie entwickeln, völlige Denkblockaden haben oder aus dem Nichts scheinbar logische Gründe aufweisen. Unser Gehirn liefert uns in Millisekunden alles, was wir mit dieser Situation in Verbindung bringen. Diese Verknüpfungen können wir wahrnehmen und in eine Konfliktbearbeitung einfließen lassen. Wenn ich z. B. mit einer Person zusammenarbeiten soll und mich diese an eine andere Person erinnert, die mir vor Jahren etwas angetan hat, so sollten wir dieser Erinnerung trauen und es ansprechen.

Eine kleine Übung: *Sie finden auf der nächsten Seite ein Bild und ich bitte Sie, ganz frei zu assoziieren, in Vergangenheit zu gehen oder Phantasien zu entwickeln. Sie werden feststellen, welchen Reichtum Sie in sich haben. Gerne können Sie diese Übung auch mit anderen Menschen, evtl. ganz fremden Personen machen. Dann werden Sie feststellen, dass Sie diese geteilte Wahrnehmung in Verbindung bringt. Das ist einer der Effekte, die wir mit unserem Spiel, die „Integrationsmatrix", entdecken konnten.* [5]

5 Siehe mehr unter https://integrationsmatrix.de

Oft sind alle drei Wahrnehmungsebenen aktiv. Es erfordert etwas Übung, um statt zu urteilen, in der Wahrnehmung zu bleiben.

Beispiel: *Sie treffen eine Kollegin und* ***sehen****, dass sie sehr erschöpft aussieht. Gleichzeitig* ***hören*** *Sie mit schriller Stimme, dass es der Kollegin toll und super gehe und Sie* ***fühlen*** *in sich eine leichte Gereiztheit. Sie entwickeln Phantasien zu dem Widerspruch, der sich Ihnen offenbart. Auch* ***erinnern*** *Sie sich, dass Sie mit Ihrer Kollegin schon oft solch unklare Situationen hatten. Es wird Ihnen bewusst, dass Sie durch diese Aussage keine Orientierung bekommen. Jetzt gilt es zu entscheiden, ob Sie Sich auf diesen Konflikt einlassen wollen.*

Konstruktiv – Zusammenhänge verstehen und Neues ermöglichen

Bleiben wir bei dem Beispiel mit der Kollegin. In unserem Verständnis sind Konflikte Konstruktionen, das bedeutet, sie werden geschaffen und gestaltet. Bei der Kollegin kann es sein, dass in ihr ein Bild vorherrscht, dass sie immer ‚gut drauf' zu sein hat. Sie hat die Botschaft verinnerlicht, dass ihr Innenleben Privatsache ist. Die Kollegin erlebt Sie als neugierig und aufdringlich, da sie es schon oft erfahren hat, dass Menschen, die sie mag, mehr von ihr wollen, als sie zu geben bereit ist. Sie selbst können mit dem Theater nichts anfangen. Sie wollen eine echte Antwort auf die Frage: „Wie geht es Dir?" Sie machen sich Sorgen, da Sie die Vorstellung haben, dass manche Menschen über ihr Unwohlsein nicht sprechen wollen, weil noch viel Schlimmeres dahintersteht. All diese Vorgänge sind gestaltet und geschaffen nach bestimmten Vorstellungen, die den Konfliktparteien eigen sind. Es sind Konstruktionen, die den Konflikt befeuern.

Sie können hier wahrnehmen, dass Konflikte komplex sind. Viele Menschen wollen es einfacher. ‚Einfacher' führt uns jedoch ins Urteilen. Urteilen macht es möglich, mit dem Konflikt nichts mehr zu tun zu haben. Manche Menschen wollen es sachlicher ohne Emotionen. Nehmen Sie die Emotionen aus Ihrem Leben, so wird die Schuld diesen Platz einnehmen. „Der*Die Andere ist schuld!" Das ist einfacher und sachlicher – ohne Ironie. Sie finden jemanden oder etwas, der oder das an Ihrem Unbehagen schuld ist. Sie sind aus dem Spiel. Sie müssen nichts ändern sondern der*die Andere. Diese Vereinfachung führt in der Regel zur Eskalation eines Konfliktes. Dies muss nicht im gleichen Augenblick geschehen. In der Vereinfachung und der

Versachlichung wird ein zu klärender Konflikt unterdrückt und damit aufgeschoben. Er ist dann wie ein Schwelfeuer, das wir erahnen und das uns vorsichtig sein lässt. Im Alltag erleben wir dann das Bestreben, schnell im Urteilen oder in der Schuldzuweisung zu sein.
Doch der konstruktive Moment liegt in der Auffächerung des Konfliktes. Je komplexer der Konflikt desto vielfältiger sind unsere Bearbeitungsmöglichkeiten. Dazu haben wir ein „Werkzeug" entwickelt: **den Konfliktdiamanten**. Mit diesem Modell kann jede*r mit etwas Übung sehr gut erkennen, wo der Konflikt seinen Schwerpunkt hat, ohne dabei außer Acht zu lassen, was noch mit hineinspielen kann. Ich habe dazu oben schon geschrieben.

> *So fühlen wir in dem Gespräch mit der Kollegin ein ‚Genervtsein' oder sogar Ärger. Dies ist ein Hinweis, dass zwischen mir und der Kollegin Ängste aktiv sind. Ich kann sie z. B. ansprechen und ihr meine Verunsicherung mitteilen. Nehme ich eine **Überraschung** wahr oder bin **gekränkt,** wenn sie sonst immer so offen über sich erzählt, ist dies ein Hinweis auf ein kulturelles Thema. Bei kulturellen Themen ist es leichter über Erfahrungen und Geschichten zu sprechen.*

Was brauche ich, damit es mir mit meiner Kollegin besser geht, ist die zentrale Frage in dem Konflikt. Diese Frage hilft mir, ‚das Neue' zu konstruieren und dafür brauche ich Orientierungen. Diese Orientierung wird durch Werte gegeben, da Konflikte nie neutral sind.

Im Konflikt mit der Kollegin könnten die Werte Wahrheit und Solidarität eine Rolle spielen: Die Anerkennung des Wer-

tes Wahrheit könnte sein, dass ich mich darum kümmere, die Orientierung zu erhalten, die ich brauche, um die Beziehung zu ihr weiterentwickeln zu können. Es kann für mich auch der Wert der Solidarität sein, der mich dazu bringt, ihr meine Hilfe anzubieten, falls sie diese braucht und möchte.

Wandeln – transformieren statt zu lösen

Wie ich oben schon angedeutet habe, gibt es die Illusion, ohne Konflikte zusammenzuleben. Meist wird dies von extremistischen Gruppierungen als ein ‚Versprechen' gegeben. Viele Menschen nennen diese Form des Lebens Harmonie und hoffen, dies durch die Beseitigung von Störungen zu erreichen. Das Problem dabei ist, umso weniger Konflikte wir haben wollen, desto mehr Gewalt müssen wir einsetzen um diesen „Frieden" zu ermöglichen. Es scheint paradox: Die Zunahme von Konflikten, die verbal oder gewaltfrei ausgetragen werden, sind die Garantie, dass die Gewalt als **Lösungs**idee verschwindet. Wir brauchen die Fähigkeit, in einen kontinuierlichen Dialog zu gelangen. Der Dialog ist eine Form, die es uns ermöglicht, mit den eigenen Themen und damit auch mit dem Gegenüber in Kontakt zu sein. Deswegen sprechen wir in unserem Ansatz von Transformation - **Wandel.** Da unsere Bedürfnisse nicht aufhören zu existieren und sie immer wieder durch andere Menschen eingeschränkt oder bedroht werden, sind Konflikte nie zu Ende. Durch die zunehmende Erfahrung können wir jedoch schneller reagieren und präventiv für uns sorgen. Dies mindert die Konfliktintensität und beschert uns ein achtsames und bewusstes Leben.

*Bei dem Beispiel mit der Kollegin kann ich ihr meinen eigenen Zwiespalt schildern und sie fragen, ob sie Lust hat, mit mir zu sprechen. Ich kann kurzfristig akzeptieren, dass sie eine weitere Aussprache verneint. Auf lange Sicht möchte ich aber nicht ständig im Dilemma sein und bitte sie um eine Supervision mit einem*einer kompetenten Supervisor*in. Falls sie dieses Angebot ablehnt, kann ich mich entscheiden, den*

Kontakt zu reduzieren. Dies kann auch eine Form sein, sich davor zu bewahren, ständig in eine aussichtslose Situation zu geraten. Damit ist aber kein Abbruch der Beziehung gemeint. Sondern eine klare Vereinbarung, dass der Kontakt vorübergehend nicht sehr persönlich gestaltet wird.

Wie können Konflikte so bearbeitet werden, dass sie uns auch weiterbringen?

Erlaubnis erhalten und das Ziel klären:

- Sie fragen um Erlaubnis, ob Ihre Wahrnehmung mit der anderen Person geteilt werden darf.
- Sie klären um was es in diesem Gespräch gehen soll.

Mein*Dein Gefühl:

- Wenn diese Erlaubnis erteilt wird, schildern Sie sich gegenseitig, was sie in diesem Augenblick des Gesprächs **fühlen.** Dieser Austausch sollte ohne Vorwürfe und Zuweisungen von Schuld vor sich gehen. Lassen Sie sich Zeit dafür.

Den „Blick“ weiten:

- Was kann alles in diesen Konflikt hineinspielen? Durch die Mittel, die wir im A.T.C.C.-Ansatz entwickelt haben, können die Konfliktparteien in der Betrachtung des Konfliktes in die Weite und Tiefe gehen. Ähnlich einem Adler betrachten Sie die gesamte Konfliktlandschaft, um sich dann auf einen speziellen Bereich zu konzentrieren. Wir beginnen mit Ihren Sinnen und Gedanken. Gehen dann mit den Indikatoren auf die Suche nach dem Schwerpunkt des Konfliktes. Sie wählen einen Aspekt heraus, der für den Augenblick am bedeutendsten erscheint. Sie überlegen, was Sie wollen und wie Sie dieses erreichen. Auf was hat Sie der Konflikt aufmerksam gemacht?

Wandel

- Transformation ist die Umsetzung eines Teilbereichs des Konfliktes mit dem Wissen, dass sich in einem Konflikt viel mehr verbirgt. Sind die Punkte klar, so werden einzelne Schritte umgesetzt und wieder reflektiert. Veränderungen gelingen leider nicht sofort. Im A.T.C.C.-Ansatz gehen wir davon aus, dass es in uns Menschen ein verankertes Bestreben gibt, moralisch ‚gut' sein zu wollen. Ein wichtiger Zusammenhang sind hierbei unsere Bedürfnisse. Für die Befriedigung dieser brauchen wir den anderen Menschen. Auch wenn viele Strukturen Gegenteiliges versuchen, brauchen wir Menschen einander und suchen aus diesem Grund einen Weg, wie wir durch unser moralisches „Gut-Sein" Liebe, Anerkennung oder Autonomie erhalten. Deswegen ist es im Bereich der Konfliktbearbeitung immer wichtig, herauszufinden, was der Einzelne von dem Gegenüber braucht, damit es ihm*ihr selbst gut geht.

En detail

Eigentlich will ich Sie nur neugierig machen. Ich kann die einzelnen Elemente nur einführen. Ziel ist es, Ihnen ein kleines Handwerkszeug zur Selbsthilfe zu geben und vielleicht auch Ihr Interesse für eine unserer Seminare oder Ausbildungen zu wecken.

Personale Themen in einem Konflikt

Wir Menschen haben Bedürfnisse. Sie zu befriedigen ist eine wichtige Antriebsquelle. Wir gehen von folgendem Verständnis von Bedürfnissen aus.

Bedürfnisse sind für uns:

- **Liebe** – körperliche, sprachliche und seelische Zuwendung, weil ich bin so wie ich bin.
- **Anerkennung** – körperliche, sprachliche und seelische Zuwendung für ein Handeln, das ich geleistet habe.
- **Orientierung** – meine Richtung in meinem Leben wird verstanden und ich verstehe dies bei anderen.
- **Sicherheit** – mein Raum, auch der intime, wird geachtet und geschützt.
- **Autonomie** – ich entscheide selbst und verantworte diese Entscheidung.
- **Sinn** (Transzendenz) – was ich tue, steht in einem höheren Bezug, der mir und anderen bewusst ist.

Diese Bedürfnisse hat jeder Mensch, da wir soziale Wesen sind. Wir können diese Bedürfnisse nur befriedigen, indem wir sie mit anderen Menschen teilen. Geliebt werden

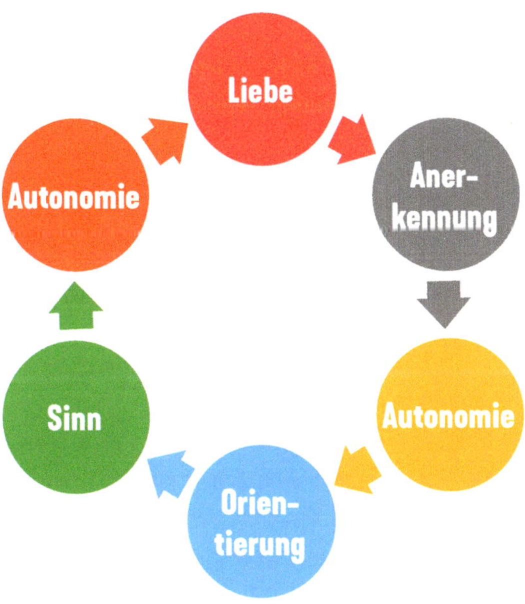

wir nur, indem wir auch lieben. Anerkennung erhalten wir, wenn wir die Handlungen eines anderen Menschen ebenfalls anerkennen. Bedürfnisse von uns abzuspalten und konsumtauglich zu machen ist ein Konzept, das zur vorherrschenden Konsumgesellschaft passt. ‚Likes' vermitteln nur den Anschein eines Bedürfnisses. ‚Likes', wie sie auf Sozialen Netzwerken genutzt werden, sind eine Form von Belohnungssystem – eine geschickte Manipulation, die auf der Angst vor dem Versagen oder der Ablehnung beruht. Es ist die in Zahlen erfasste Zuwendung, die uns glauben lässt, dass wir anerkannt oder geliebt werden. Nur bewirkt sie keine Zufriedenheit sondern noch mehr Angst.

Unser Ansatz beschreibt **Ängste als „Wächterinnen"**, denen Bedürfnisse an die Seite gestellt sind. Ist ein Bedürfnis in Gefahr, so werden Ängste aktiv.

Bedürfnisse – Ängste

- Wenn wir uns nicht geliebt fühlen, entsteht die **Angst vor Ablehnung**. Wir wirken dann auch ablehnend.
- Wenn unser Handeln nicht anerkannt wird, erleben wir die **Angst vor Bewertung**. Wir gehen dann stark in Bewertungen.
- Wenn wir die Orientierung verlieren, teilt uns die **Angst vor dem Unbekannten** mit, dass wir von etwas Fremden bedroht werden könnten. Wir lehnen dann Fremdes ab.
- Wenn uns die Sicherheit verloren geht, so brauchen wir Schutz und haben **Angst vor Verletzung**. Oftmals suchen wir diesen in der Verletzung Anderer.
- Wenn wir **keinen Sinn** in unserem Leben finden, so erleben wir unser Sein als bedeutungslos. Wir haben **Angst vor Sinn- und Bedeutungslosigkeit**. Wir sähen viele Zweifel und hadern mit dem Leben.
- Wenn wir uns nicht mehr autonom entscheiden können, entsteht die **Angst vor Zwang**. Wir entwickeln gegenüber anderen massive Kontrollzwänge.

Diese Ängste empfinden wir mit den Grundemotionen Wut, Trauer, Scham, Überraschung oder Ekel. Werden Ängste nicht akzeptiert und bearbeitet, so werden sie durch sogenannte psychologische Muster verstärkt. Dies kann dazu führen, dass sich Ängste vervielfältigen. Ängste lassen sich nicht überwinden oder beseitigen. Da sie in ihrer Funktion lebenserhaltend sind, potenzieren sie sich bei Leugnung oder dem Versuch der Überwindung.

Musterhaft

Muster sind biologisch angelegt und sind durch ein Verhalten wahrnehmbar. Bin ich mir also selbst gewahr, so kann ich über mein eigenes Verhalten erkennen, dass ein Bedürfnis von mir gefährdet ist und mich darum kümmern.

Weitere Verhaltensweisen, in denen Ängste eine große Rolle spielen, sind die sogenannten Widerstände, die in der Gestalttherapie ihre Verortung haben. Widerstände sind ebenso wichtig, um mit einem Konflikt besser zurechtzukommen. Sie sind erlernt und ebenfalls durch Selbstwahrnehmung zugänglich. Ich schreibe hier Selbstwahrnehmung, denn es ist vielen ein Leichtes, alle diese Muster und Widerstände bei anderen wahrzunehmen. Das hilft in einem personalen Konflikt wenig. In der Beratung oder Seminararbeit ist es von Nutzen, dies auch bei dem Gegenüber zu erkennen. Im alltäglichen Konflikt ist es eher ein Hindernis. Auf die Widerstände gehe ich in dieser Einführung nicht ein. Ebenfalls auch nicht auf Prägungen oder Skripts. Ich belasse es erst einmal bei den Mustern. Sie sind aber herzlich eingeladen, Sich vertiefend mit all diesen Themen zu beschäftigen. Ein liebevoller Blick auf unsere vielfältigen Umgangsweisen mit den Ängsten kann helfen, sie anzunehmen.

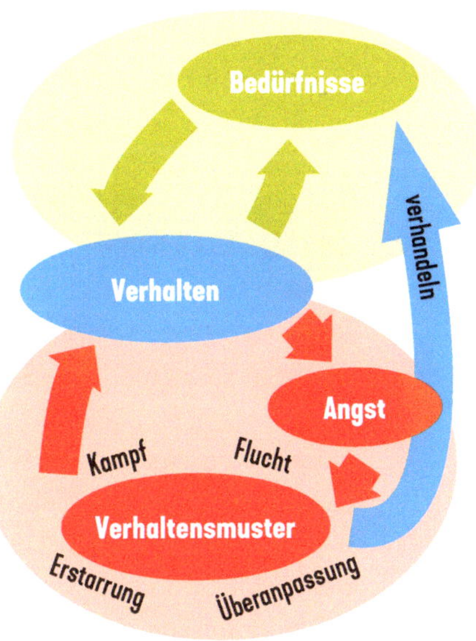

Beispiel: *Die Angst von dem Kollegen nicht ernst genommen zu werden.*

> *Ich sitze meinem Kollegen im Zimmer gegenüber und er hat gerade ein offensichtliches Problem mit dem PC. Ich frage ihn, ob er meine Unterstützung braucht. Mürrisch antwortet er, dass ich ihm da auch nicht helfen könne. Ich solle ihn in Ruhe seine eigenen Probleme lösen lassen. Er mische sich bei mir ja auch nicht ein.*

In mir tauchen unterschiedliche Ängste auf: Angst vor Bewertung, dass ich ihm nicht helfen kann. Angst vor Zwang, da mich sein aufgebrachtes Verhalten in unserem kleinen Büro stört. Angst vor Ablehnung, denn ich wollte ihm ja nur etwas Gutes tun.

Ignoriere ich diese Ängste, so greifen sehr schnell die Verhaltensmuster ein. Sie spalten mich von meinem eigenen Gefühl ab und verlagern Schuld nach außen. Dadurch entsteht keine Sicherheit, sondern gerade das Gegenteil. Anhand der folgenden vier Grundmuster können wir, wenn wir achtsam sind, neben der offensichtlichen Gefahr auch die Folgen wahrnehmen, die für unser Leben und Zusammenarbeiten mit anderen Menschen entstehen könnten.

Ein Muster ist der **Kampf.** Für den Kampf brauchen wir eine*n Gegner*in, der*die besiegt oder überzeugt werden soll.

> *Ich mache ihm deutlich, dass ich der*die bessere PC-Spezialist*in bin. Ich versuche ihn zu überzeugen und gerate immer mehr in Aussagen, mit denen ich meinen Kollegen klein bekommen will. Ich greife ihn an, da mich sein*

herumstöhnen aufregt. Ich finde ihn unkooperativ, da er meine Hilfe nicht annehmen will.

Was haben wir davon?

Im Kampf versuchen wir zu gewinnen. Ich brauche nichts mehr über ihn zu wissen. Er ist erledigt. Ich kann viele Vorwürfe unmittelbar loswerden und ihn in seiner Aufregung mitbekommen. Dabei entwickelt sich auch eine Scheinnähe. Wir sind uns ‚verbunden' und müssen uns nicht um die eigene Haltung und Einstellung kümmern. Kämpfen kann eine dauerhafte Bindung in Paaren sein. Je nach Situation wird eine*r gewinnen. Kämpfen erzeugt aber auch ein schlechtes Gewissen. Je mehr dieses aktiv wird, desto mehr muss ich meinen Kollegen beschuldigen. Auch kämpfen kostet Energie und Zeit. Vor allem ist es tückisch, dass die Scheinbindung wenig Hoffnung auf Veränderung macht.

Mit dem Muster **Flucht** vermeiden Menschen eine Auseinandersetzung mit offensichtlichen Problemen.

Ich arbeite aktiv und demonstrativ weiter, als wäre nichts. Aus ablehnenden Erfahrungen eines vorherigen Males bin ich so wenig wie möglich mit dem Kollegen im Austausch. Es kostet mich einige Kraft, dies alles auszuhalten. Ich spreche öfter mit anderen über den Kollegen. Ich erkläre immer wieder, dass es seine eigene Sache ist, zurecht zu kommen. Ich bleibe sachlich und distanziert. Auch wenn ich jeden Tag erschöpft aus der Arbeit heimkomme.

Was haben wir davon?

In der aktiven Vermeidung binden wir unbewusst unseren Konfliktgegner an uns. Wir verbreiten ein schlechtes Gewissen, dass sich auf den Kollegen legt. Er fühlt sich schuldig, weil er stört und das ärgert ihn umso mehr. Ich versuche mich immer mehr ‚gelassener' zu geben und binde ihn mit jeder kleinen Äußerung an mich. Die Macht über die Richtung liegt beim Flüchtenden. Erst wenn er innehält und sich nicht auf dieses Muster einlässt, hat er eine Chance, für sich zu sorgen. Für mich ist dies jedoch schwierig, denn ich kann mich mit dem Opferstatus schmücken und deutlich machen, dass er nicht kooperativ ist.

Im Muster **Anpassung** sorgen wir uns um viele andere Menschen. Wir wissen dann, was der*die andere braucht. In dem Fallbeispiel gibt es viele Anpassungsmöglichkeiten.

> *„Ich muss ihm wirklich helfen, denn sonst ist sein ganzer Tag versaut." Schon stehe ich neben ihm und schaue auf den Bildschirm und nehme die Tastatur in die Hand. „Das musst du so machen, dann geht es einfacher" oder ich mache mich zum Mäuschen, das nicht stören will, denn meine Gegenwart störe ihn bei den wichtigen Problemen, die er hat. Auf die Idee, dass er mich ablehnen oder abwerten könnte, komme ich gar nicht mehr.*

Was haben wir davon?

Wir sind auf jeden Fall die*der Gute. Wir müssen uns nicht mit uns beschäftigen, sondern mit den Bedürfnissen des Anderen. In der Anpassung können wir nicht versagen oder verlieren, so der Mythos, den uns das Muster verspricht. Wir sind einfach nett! Den Preis merken wir ebenfalls. Wir verlieren oft unsere Selbstachtung, machen uns klein und geraten in Rollen, die uns offensichtlich schaden. In sozialen Berufen findet sich dieses Muster als ‚Qualitätsmerkmal'. ‚Nett sein' führt dazu, dass diejenigen, die Konflikte austragen wollen, die ‚Bösen' sind. Damit entsteht eine Konfliktkultur, die Konflikte vermeidet und immer wieder betont, wie toll es doch im Team, der Familie oder der Gruppe ist. Der Preis ist hoch! Nicht gelebte Konflikte führen langfristig in die Krankheit. Bei dem Muster kommt noch hinzu, dass ein strukturelles Element aktiv werden kann. Die Vorstellung einer bestimmten Rolle.

Das sehr tief liegende Muster, das ich hier **Erstarrung** nenne, tritt ein, wenn wir selbst massiv verletzt worden sind oder andere Menschen in ihrer Verletzung erlebt haben. Diese Erstarrung ist wie ein Mechanismus, der z. B. durch ein Trauma, Burn-out, Depression oder Sucht die wesentliche innere Verletzung schützt.

> *Ich gehe auf die Arbeit und funktioniere gut. Ich habe aber keinen Bezug zu dem, was ich mache, was um mich herum geschieht. Ich lache, ohne das mich dieses Lachen erreicht. Ich bin leer und erschöpft. Meist hat sich im Laufe der Zeit eine Krankheit oder Sucht entwickelt, die ich verbergen will. Damit funktioniere ich gut, aber lebendig bin ich nicht. Ich merke auch gar nichts von meinem Kollegen. Meine Vorgesetzten sehen mich als gut verträglich und bringen mich meist mit Menschen zusammen, die massiv grenzüberschreitend und abwertend sind. Mich tangiert das gar nicht.*

Was haben wir davon?

Wir sind geschützt. Die Erstarrung oder die chronische Variante des Traumas verkapseln unser verletztes Inneres so, dass wir uns dabei nicht mehr spüren. Wir haben die

Vorstellung, dass uns nichts berühren oder beeinträchtigen kann. Damit wirken wir so souverän. Der Preis ist sehr hoch, da dieses Muster sich im Körper anlagert. Massive Verspannungen sind die harmlosen Ausdrucksformen des Körpers.

Die ersten drei Muster sind unmittelbar wahrnehmbar. Sind wir achtsam oder haben gute Freund*innen, die uns darauf aufmerksam machen, so können wir unsere Muster kennenlernen und auf die dahinterliegenden Ängste schauen. Kennen wir die Ängste, können wir lernen, wie wir unsere Bedürfnisse zur Verhandlung bringen. Bei festgefahrenen Mustern helfen uns Konfliktberater*innen. Bei einem Trauma gibt es sehr gute Therapeut*innen.

Grundsätzlich: Musterhaft ist fast immer, die eigenen Anteile eines Konfliktes nicht mehr wahrnehmen zu können. Es ist auch nicht dramatisch immer wieder in Muster zu gehen. Wichtig ist es, sie wahrzunehmen. Das ist der erste Schritt der Bearbeitung. Im A.T.C.C.- Ansatz konnten wir noch weitere Ursachen und Unterstützungssysteme entdecken. Das würde hier den Rahmen sprengen. Aber seien Sie neugierig auf sich selbst und wenn Sie wollen, können Sie dieses ‚Mehr' auch in unseren Kursen entdecken.

Konfliktthemen, die mit den Regeln und dem Recht verbunden sind

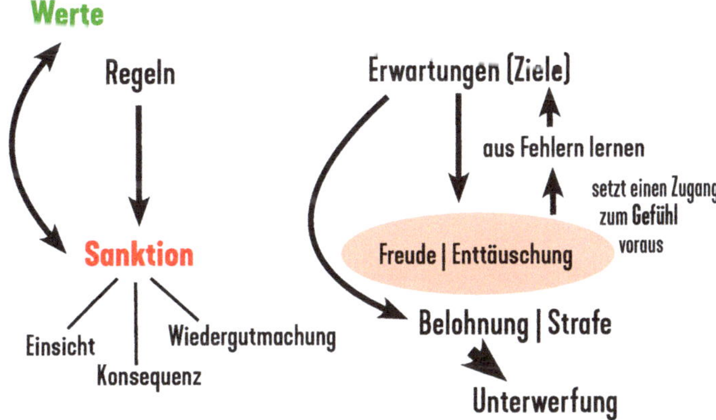

Ich verwende hier das Wort Regeln, es bezieht sich ebenfalls auf das Recht, das unserer gesamten Gesellschaft als Rahmen dient. Die Entwicklung des Rechts und der Regeln ist sehr alt. Meist ist es die Bildung von verbindlichen Zusammenhängen wie Städten oder Staaten gewesen, welche die Menschen dazu gebracht haben, sich einen Rahmen zu schaffen, der eine Willkürherrschaft verhindern soll.

Regeln und das Recht sind Rahmenbedingungen für unser Zusammenleben. Wir brauchen sie, um unsere Werte zu einer verbindlichen Orientierung zu machen. Regeln sind dabei keine Erwartungen. Bei der Verletzung einer Regel braucht es Sanktionen, die vorher vereinbart wurden. Im staatlichen Zusammenhalt ist dies das Recht und Gesetz. In Familiensystemen, Gruppen und Organisationen müssen diese Regeln ausgehandelt und durch Ausnahmen immer wieder erneuert werden. Regeln schaffen einen sicheren

Rahmen und wurden in ihrer Entstehung offen verhandelt und schriftlich festgelegt. Gleichzeitig werden die zugehörigen Sanktionen besprochen. Sanktion in unserem Sinne setzt sich aus **Einsicht** und **Wiedergutmachung** zusammen. Das bedeutet, dass bei jeder Regelverletzung eine Auseinandersetzung stattfinden muss. Dabei wird noch einmal der dahinterliegende Wert zur Einsicht gebracht sowie die vereinbarte Sanktion umgesetzt.

Jeder Mensch hat viele Wünsche und Erwartungen an den*die andere. Oft werden diese nicht benannt und verhandelt. Durch kulturelle Prägungen können wir die Vorstellung haben, dass der*die andere, diese Wünsche kenne und erfüllen würde. So ist es in vielen Fällen in der Kindererziehung. Kinder enttäuschen – Eltern jedoch auch. Aus Enttäuschung heraus eine Strafe zu verhängen, ist ein Verhaltensmuster, um das Gegenüber zu unterwerfen. Hier gilt es, besonders achtsam zu sein, denn hinter Wünschen stecken Bedürfnisse. Werden diese nicht geklärt, spielen die Ängste eine Rolle, die dann mit ihren Mustern einen Konflikt befeuern.

Spürbar werden Regelverletzungen durch Ärger, den wir auch äußern müssen. „Ich ärgere mich, weil entgegen unserer Absprache nicht abgespült wurde." Dafür braucht es auch immer den Hinweis, welcher Wert berührt wird, z. B. die Treue (Verlass auf Absprachen) oder die Schönheit (wie eine Küche auszusehen hat).

Übung: *Nehmen Sie sich Ihren Alltag vor und schreiben Sie bitte auf, an welche Regeln Sie sich im Laufe eines Tages hal-*

*ten. Unterscheiden Sie bitte zwischen Regeln und Erwartungen. Regeln brauchen einen Sanktionsbezug; Erwartungen schaffen Enttäuschungen, wenn sie nicht erfüllt werden. Sie werden feststellen, dass es nicht viele Regeln sind aber viele Erwartungen. Vielleicht entdecken Sie, was Sie „ver-regeln“ wollen oder was sie „ent-regeln“ können. So können Sie die Regel haben, mit Ihrem*Ihrer Partner*in gemeinsam zu frühstücken. Dabei entdecken Sie, dass Sie dies nicht regeln können, sondern dass es eine Erwartung ist. Verregelt würde bedeuten, dass Sie zu einer bestimmten Uhrzeit, an bestimmten Plätzen, mit einem festgelegten Essen, etc. den gemeinsamen Tag beginnen. Dann kann ein Fehlverhalten sanktioniert werden. Ist es eine Erwartung, geht es um die Ängste und die dahinterliegenden Bedürfnisse.*

Konfliktthemen, die ihren Ursprung in der Struktur haben:

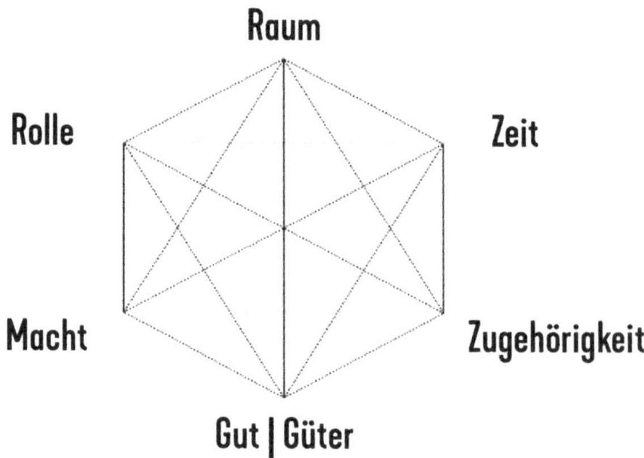

Faktoren der strukturellen Ebene

Viele Konflikte haben einen strukturellen Ursprung. Dies ist insofern von Bedeutung, dass strukturelle Konfliktthemen andere Bearbeitungsformen brauchen als personale. Ein klassischer Hinweis, dass es sich um einen strukturellen Konflikt handelt, ist eine Erschöpfung, die Sie gar nicht so recht fassen können. Oft entsteht die Angst vor einer Eskalation und etwas Unfassbarem, dass Sie unter massiven Druck bringen kann. Sie fühlen sich dann wie in einem Hamsterrad. Diese Hinweise, ich nenne sie Indikatoren, können Ihnen eine Hilfe sein. Denn strukturelle Konfliktursachen brauchen meistens eine kompetente Unterstützung einer dritten Person. Diese Person hilft zu verstehen, wo die eigentlichen Themen liegen und wie an diesen gearbeitet werden kann. Im gesellschaftlichen Raum brauchen wir andere Menschen, mit denen wir uns zusammentun und den Konflikt und unsere Teilhabe daran zu betrachten. Können wir unseren Anteil erkennen, können wir den Konflikt verändern. Grundsätzlich können strukturelle Konflikte nicht alleine bearbeitet werden. Strukturelle Konflikte haben in ihrer Tiefenschicht ebenfalls sechs Ebenen. Diese sind systemisch miteinander in Verbindung. In der Bearbeitung von strukturellen Konflikten ist es a. sinnvoll diese Ebenen sichtbar zu machen und b. das Zusammenspiel im Blick zu haben. Dafür gibt es unzählige Methoden der Aufstellung, des Theaters, der Soziometrie oder des bildnerischen Gestaltens.

Die Ebenen eines eher strukturell angelegten Konfliktes

Raum: Eine Klasse kann ständig in Aufregung sein, wenn der Raum zu eng oder nicht kindgerecht organisiert ist. Eine Vorgesetzte, die sich räumlich versteckt, kann nicht präsent sein. Eine Schule, die wie ein Gefängnis gebaut wurde, wird mit ständigen Ausbruchsversuchen zu kämpfen haben. Eine Abteilung, in der die Leitung für ihre Verwaltungsaufgaben nur eine Ecke im Pausenraum zur Verfügung hat, kann nicht strukturiert funktionieren. Die Erde ist ein begrenzter Raum. Wenn wir diesen durch unser Verhalten vergiften, zerstören und nachhaltig unbewohnbar machen, ist dies ein Konflikt. Da dieser Konflikt für die*den Einzelne*n zu groß ist, braucht es kleine Ziele, die ihren Anteil an dem Großen haben. Es braucht aber auch Methoden, die eine große Gruppe von Menschen auf das Thema aufmerksam macht. Diese können bis zum zivilen

Ungehorsam gehen, bei dem ein Gesetz gebrochen wird, um auf den größeren Rechtsbruch aufmerksam zu machen.

> **Zum Nachdenken:** Welchen Raum haben Sie zur Verfügung? Wie wird mit Ihrem Raum umgegangen? Wie erleben Sie sich angesichts der zunehmenden Verschmutzung ihres Lebensraumes?

Zeit: Jeder Mensch hat einen eigenen Biorhythmus. Wird ständig gegen diesen gelebt, so erschöpfen sich Menschen. Schafft es ein Team bspw. nicht, Zeit für Absprachen zu finden, führt das dazu, dass notwendige Absprachen oder auch Wertschätzung fehlen. Organisationen wie die Schule oder Universität strukturieren den Unterricht im 45 oder 90 Minuten-Rhythmus. In diesem Zeitfenster geschieht die Vermittlung eines Stoffs, doch kein Lernprozess. Gibt es eine zeitliche Trennung von Arbeit und Leben, so ist es ein Hinweis, dass die Arbeit lebensfeindlich geworden ist. Zeit ist unsere Lebenszeit, aber auch die Zeit der Menschen auf diesem Planeten. Wird z.B. durch Vergiftungen die Lebenszeit ganzer Generationen beeinträchtigt, so braucht es langfristige Auseinandersetzungen, die dazu führen, dass dies unterbunden wird.

> **Zum Nachdenken:** Wie gehen Sie mit Ihrer Zeit um? Wie viel Ihrer Zeit ist noch selbstbestimmt? Wie gehen Sie mit dieser um? Haben Sie genug Zeit für sich? Wie nehmen Sie die Nachrichten über die Kipppunkte in der Klimakatastrophe wahr?

Güter: Die Welt bietet uns Menschen ausreichend Nahrungsmittel, um alle satt zu machen. So die Aussage der

Welternährungsorganisation der UNO. Es muss also keiner mehr hungern. Wieso ist dies noch nicht realisiert? Die Erde hat eine begrenzte Menge an Bodenschätzen. Wer verfügt über diese? Wie wird mit den Basisgütern des Lebens umgegangen? Wer verfügt über das Wasser? Wie kommt es, dass eine Minderheit über die Güter der großen Mehrheit der Menschen verfügen kann? Ähnlich ist es mit den eigenen Gütern. Dieses ist eines der größten und gewaltigsten Konfliktfelder. Mit einer Wirtschaftsform, die die Gemeingüter nicht schützt, werden unzählige Menschen getötet. „Diese Wirtschaft tötet" so die Aussage des Papstes in seiner Umweltenzyklika laudato si (2015). Mit Beginn einer Ehe geht es um die Frage, wie mit den gemeinsamen Gütern umgegangen werden kann. In einem Hausprojekt muss dies immer wieder geklärt werden. In einer gemeinsam geführten Firma braucht es die Klärung, wie mit den produzierten Gütern umgegangen wird. Oft gibt es die Grundannahmen, das kein Konflikt existiert und damit es auch keine Bearbeitung braucht. Hintergrund ist meist eine Idealisierung des Vorhabens. Es darf dann keine Konflikte um Dinge geben!

Zum Nachdenken: Wie gehen Sie mit Ihren Geräten um? Verleihen Sie diese gerne? Teilen Sie gerne ihr Essen oder Ihr Geld mit anderen?

Rollen: Rollen sind formal und nicht formal. Die formale Rolle ist beschrieben und meist überprüfbar. Die nonformale Rolle kommt aus unserer Biografie und bereichert oder verhindert eine lebendige Gestaltung der Rollen, die wir einnehmen. Es braucht den Zugang zu beiden Rollen, damit wir sie verantwortungsbewusst gestalten können. Wenn z.B. Eltern die Rolle als Vater oder Mutter einnehmen, so ist dies formal. Sie haben dazu ein Recht, z.B. den Aufenthalt des Kindes zu bestimmen. Nun wird diese Rolle nonformal unterschiedliche gelebt. Manchmal wollen Eltern die besten Freund*innen ihrer Kinder sein und übersehen dabei, dass sie dies rein formal nicht können. Damit verunsichern sie ihre Kinder und schaffen Konflikte, die eine Bearbeitung brauchen. Eltern sind eben formal keine Freund*innen. Sie können sich aber als solche verhalten. Wenn ein*e Schulleiter*in von einer „Schulfamilie" spricht, ist immer zu fragen, wer die Rolle des Vaters oder der Mutter einnimmt und welche Rolle dann das Kollegium hat? Ist die Chefin eine ‚gute Freundin', so braucht es eine Klärung, was eine Weisung und was eine Gefälligkeit ist. Angesichts der großen Katastrophen stellt sich die Frage, welche Rollen wir einnehmen. Wir sind einerseits dafür verantwortlich, in dem wir zu viel Auto fahren oder zu viel Müll produzieren. Nehmen wir die Verantwortung, so ist dann die Frage, wie wir diese nonformal ausfüllen. Das ist sehr unterschiedlich und auch geprägt von der eigenen Herkunft. Manche versuchen sich als Held*innen, als Märtyrer*innen, als Versager*innen, als Verzweifelte, als Heilige, etc. Wichtig für die Bearbeitung ist es, einen Zugang zu den Rollen zu finden, in denen wir wirkungsvoll sind.

> **Zum Nachdenken:** Welche Rollen haben Sie? Welche machen Ihnen Freude? Wie würden Sie sich als Bürger*in verstehen?

Zugehörigkeit: Ein sehr klassischer Konflikt wird heute immer wieder mit Mobbing bezeichnet. Es beschreibt den Vorgang bei dem ein Mensch oder eine Menschengruppe ausgegrenzt wird. Mobbing ist strukturell, da es meist um

die Klärung von Zugehörigkeit in einer Gruppe geht. Findet diese Klärung nicht statt, so versuchen Untergruppen, diese Frage durch Ausschluss zu klären. Dies geschieht durch die Beschreibung: Wir oder die? Das Wir wird damit durch die Unterscheidung und den Ausschluss gebildet. Von Außen leuchtet jedem*r ein, dass dies nur bedingt funktioniert. Denn eine Zugehörigkeit braucht eine klare Integration und diese braucht den Konflikt. Durch Ausschluss wird die Illusion verbreitet, dass nur durch die Beseitigung dieser Person(en) die Konflikte in der Wir-Gruppe verhindert werden können. Darauf fallen leider immer wieder viele Menschen herein. Grundsätzlich hat dies aber auch mit einer schwindenden Zugehörigkeit, mit einem abnehmenden gesellschaftlichen Zusammenhalt zu tun. In Familien oder Gruppen ist dies ähnlich. Wird die Grundstruktur bei den Rollen, dem Raum, der Macht unklar, wird Zugehörigkeit durch Ausschluss gebildet. Hier braucht es auf jeden Fall qualifizierte Berater*innen, die eingreifen und unterstützen können. Jedes Ausschlussverfahren wiederholt sich so lange, bis die Grundfragen der Gruppe geklärt sind.
Eine natürliche Abtrennung ist die Pubertät. Sie bedeutet, dass die Kinder ihre eigenen Wege gehen und damit eine Trennung zur Herkunftsfamilie stattfindet. Oft geschieht dies mit einem Ausschlussprozess, weil die Rollen der Eltern unklar sind. In vielen Fällen wird das Kind als Garant für das Paar genutzt. Dies ist nicht Aufgabe eines Kindes.

Zum Nachdenken: Sind Sie schon einmal ausgeschlossen worden? Wie konnten Sie damit umgehen? Wie schaffen Sie Zugehörigkeit? Darf es da auch Konflikte geben? Welche Erfahrungen haben Sie als Kind oder mit den eigenen Kindern zum Ausschluss gehabt?

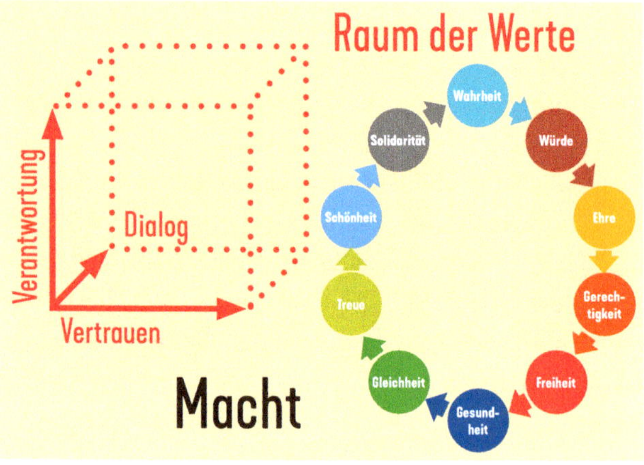

Macht: Macht ist notwendig und wichtig. Ebenso ist sie nach dem A.T.C.C.- Ansatz werteorientiert. Bei Entscheidungen, die wir mit anderen Menschen treffen, brauchen wir Macht. Macht versetzt uns in die Lage, diese Entscheidung umzusetzen. Macht ist nicht neutral, sondern orientiert sich an Werten. In der Umsetzung ist Macht mit Verantwortung gekoppelt. Für etwas verantwortlich sein, bedeutet eine begrenzte Aufgabe zu übernehmen und dafür eine Weisungsbefugnis zu haben. Verantwortung ist der erste Vektor im Raum der Macht. Der zweite Vektor ist das Vertrauen. Dies ist notwendig, damit wir loslassen können. Vertrauen ist nicht gegeben, sondern wird gebildet. Zu dieser Bildung braucht es ebenfalls das Scheitern und das Misstrauen. Das klingt hart, doch blindes Vertrauen würde keinesfalls dazu beitragen, dass Menschen die Macht verantwortungsvoll umsetzen. Im Bezug zu dem, was oben schon über die Rollen geschrieben wurde, können Sie erkennen, dass die Verantwortung mit der formalen Rolle und Vertrauen mit der nonformalen Rolle gelebt wird. Damit dies alles lebendig bleibt, gibt es den Dialog. Dies ist der dritte Vektor der

Macht. Der Dialog ist hier das letzte Mittel und damit der bewusste Verzicht auf Gewalt. Um den Dialog zu erreichen, gibt es viele Methoden, die selbst in Ausnahmebedingungen wie einem Krieg eingesetzt werden können. Die Werte, die diesen Raum der Macht füllen, erkläre ich später. Das A.T.C.C.-Machtraum-Modell setzen wir in Teams und auf Leitungsebenen sehr erfolgreich ein. Neben der Macht gibt es, wie oben schon angedeutet, die Ohnmacht und die Allmacht. Dies zu wissen, ist ein Schlüssel zur Veränderung. **Ohnmacht** wird ohne Verantwortung, dafür aber mit Will-

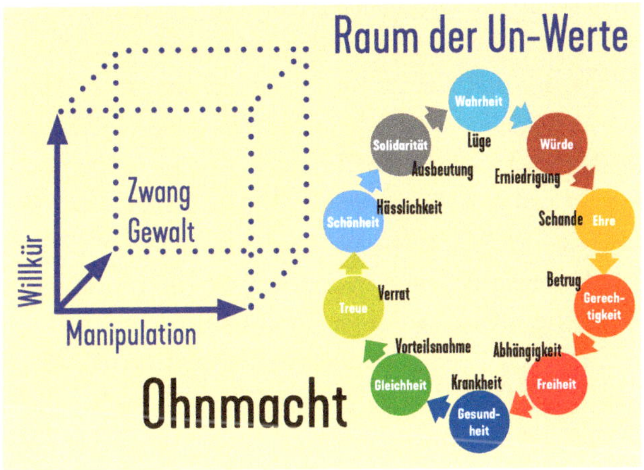

kür gestaltet. Statt zu vertrauen wird manipuliert. Anstatt des Dialoges wird Zwang und Gewalt eingesetzt. Was Sie hier gut erkennen können: Wir befinden uns aktuell gesellschaftlich in einem Ohnmachtssystem. Viele Entscheidungen sind nicht verantwortet, sondern **willkürlich** getroffen. Als Beispiel: Die Beteiligung an Kriegen wird nicht verantwortet; das kann sie gar nicht, denn wer würde dann zur Rechenschaft gezogen werden? Waffenlieferungen werden begründet und kosten ungeheure Summen, doch wer verantwortet, was mit diesen gemacht wird? Ist die deutsche Außenministerin haftbar, wenn die gelieferten Waffen auf russisches Territorium abgefeuert werden? Um diese Willkür zu stabilisieren, ist ein massives **Manipulation**ssystem zu Gange. Es geht hier nicht um Verschwörungstheorien, die ebenfalls hoch manipulativ sind. Es geht darum, dass eine sogenannte zwingende Notwendigkeit geschaffen wird, der sich ‚niemand' entziehen kann. Die Propaganda des Krieges ist Manipulation. Schuld ist immer der Feind, der dieses oder jenes begangen hat. Von eigenen völkerrechtswidrigen Handlungen erfährt die Öffentlichkeit eher zufällig über einen aufklärenden Journalismus. Das Ganze ist nur durchsetzbar, indem **Zwang und Gewalt** als Mittel zur Verfügung stehen und auch legitimiert werden. Statt Dialog wird Zwang entwickelt. Der Raum der Ohnmacht ist mit den Un-Werten gefüllt. Un-werte sind eine Umkehrung der Werte. Aus Wahrheit wird Lüge, aus Freiheit wir Abhängigkeit, aus Gerechtigkeit wird Betrug, usw. Das Schwierige daran ist, dass in Ohnmachtssystemen behauptet wird, dass dies die Wahrheit sei und das Gegenüber lügt; dass die Abhängigkeit die Freiheit sei oder das schändliche Verhalten Ehre bringt.

‚Ohnmacht', werden Sie vielleicht denken, ist ja das, was Sie unter ‚Macht' kennen! Das ist richtig. Unsere Definition[6] des Begriffes ermöglicht nun zivilgesellschaftlichen Initiativen für eine verantwortete, vertrauensvolle und dialogische Macht zu kämpfen. Dafür haben wir sehr viele unterschiedliche Trainingsformate entwickelt.

---

6 Diese Neudefinition der Macht ist nur durch unser „Macht-Raum-Modell" neu. Es gibt viele Denker*innen und vor allem Praktiker*innen, die wir als Grundlage für diesen Zugang nehmen. Um nur einige zu nennen: Saul D. Alinsky: Anleitung zum Mächtigsein, 1972; Romano Guardini: Macht, 1982; Hannah Arendt: Macht und Gewalt, 1979; Bertrand Russel: Formen der Macht, 2009

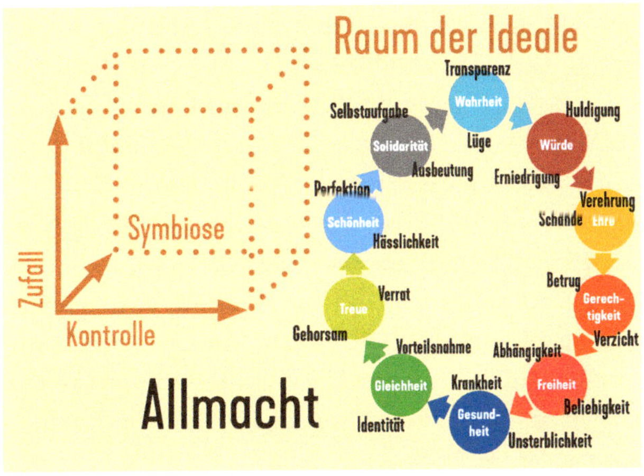

Die dritte sehr wichtige Form der Macht ist die **Allmacht**. Was löst dieses Wort bei Ihnen aus? Wahrscheinlich werden religiöse Bilder aufscheinen oder auch sehr böse Gestalten der Geschichte oder Gegenwart, die alle Macht in sich vereinigen können. In der Erforschung der All-Macht entdecken wir ein duales System, das wir nach C.G.Jung in ein Licht- und ein Schattenmodell unterscheiden. Allmacht als Schatten wird toxisch, wenn statt der Verantwortung eine Vorstellung des **Zufalls** entsteht. Das ist nachvollziehbar, da fast alle totalitären Herrscher und extremistischen Bewegungen ihre Maßnahmen nicht begründen, sondern wie eine schicksalshafte Notwendigkeit beschreiben. Sie beschreiben sich reaktiv und wollen nur das Beste für ihre Anhänger*innen. Aus Vertrauen, das immer wieder hinterfragt werden müsste, entsteht die völlige **Kontrolle**. Aktuell gibt es Dystopien, wie z.B. The Circle[7], in denen die Inhaber der sozialen Netzwerke eine völlige Kontrolle über die Nutzer*innen ausüben können. In der Realität ist das

7 Dave Eggers: The Circle, 2015

sehr spannend, da diese Netzwerke vorgeben auf der Basis von Vertrauen zu funktionieren. Der dritte Vektor ist die Symbiose. Hier verstanden als das Bestreben ‚eins mit allen' zu werden. Sie werden sich nach dem Inhalt dieses Machtraums fragen. In unserer Arbeit verwenden wir hier die Perversion der Werte: die Ideale. Das mag überraschen, denn Ideale, werden bei vielen sogar einen angenehmeren Geschmack auslösen als der Begriff der Werte. In unserem Verständnis entstehen Ideale, wenn ein Wert eine überdimensionierte Bedeutung erlangt. Wie bei den zehn Werten erkennbar, stehen diese in einem systemischen Verhältnis zueinander. Sie bedingen sich. Wird ein Wert besonders hervorgehoben, so kehren sich die anderen Werte um. Wird zum Beispiel der Wert Gleichheit zum Ideal, so ist dies eine Norm. Damit wird z.B. aus der Würde, die ja bei jedem einzig ist, die Erniedrigung; die Gerechtigkeit, die ja von unterschiedlichen Bedürfnissen ausgeht, muss sich korrumpieren. In unserer Praxis erleben wir sehr häufig, dass Ideale in Gemeinschaften, Hausprojekten oder sozialen Bewegungen diese toxische Energie entfalten. In extremistischen Bewegungen geht es so weit, dass ein Menschenleben keine Bedeutung mehr hat.

Wie oben angedeutet, gibt es jedoch in uns, gerade in sozialen Bewegungen, auch die Allmachtsphantasie diese Welt zum Guten zu verändern. Dabei geht es nicht um Ideale, sondern um die Auseinandersetzung mit den Werten. Es ist ein Dialog, der diese Menschen verbindet. Es ist aber auch keine Macht in dem Sinne, wie ich sie oben beschrieben habe. Es ist eine Form der Allmacht, die viel mit der Grandiosität eines Kindes zu tun hat und fest daran glaubt, dass wir noch eine würdevolle, gerechte und freie Welt gestalten können. In vielen dieser Fälle fühlen sich die Menschen zu diesem Handeln berufen. In einer **Berufung** steckt die Verantwortung. Ich muss offen legen, was ich tue, damit sich dies oder jenes verändert. Sehr deutlich zeigen dies aktuell Klimaaktivist*innen, die sich berufen fühlen, die Straßen zu blockieren. Sie übernehmen bewusst die Verantwortung dafür. Ziviler Ungehorsam ist eine bewusste Übertretung des Rechts, um auf die Verletzung eines höheren Rechts aufmerksam zu machen. In der konkreten Aktion geht es um mehr als Vertrauen. Wir brauchen für dieses Handeln die **Hoffnung**, dass unser Anliegen erkannt und verstanden wird. Damit der Dialog immer wieder neu eingefordert wird, braucht es die **Verbundenheit** mit allen Menschen in ihrer Verschiedenheit. Sie können hier erkennen, dass gewaltfreies Handeln in sich eine Allmachtsvorstellung enthält. Damit kann eine Auseinandersetzung auch lange aufrecht erhalten werden. Sie sehen aber auch, wie schnell es geschehen kann, dass aus den Werten die Ideale konstruiert werden und z.B. statt der Solidarität eine Selbstaufgabe eintritt, die oft auch mit Verachtung gegenüber dem*r Gegner*in gepaart ist. Dann wird es toxisch! Wir haben auch hier viele Trainingsmodule entwickelt, um Aktivist*innen international zu begleiten. Für viele ist es wie eine große Befreiung, wenn ihre Allmachtsphantasie anerkannt und von den Idealen zu den Werten gebracht wird.

Zum Nachdenken: Betrachten Sie das, was Sie täglich essen. Wissen Sie, wo es herkommt? Welche Folgen es für die Umwelt hat, dass Sie es essen? Übernehmen Sie Verantwortung für das, was Sie essen? Was braucht es für eine Veränderung, dass Sie Verantwortung für das übernehmen können, was Sie essen?

Konfliktthemen, die sich in den Ritualen bemerkbar machen:

Menschen brauchen Rituale für den Anfang oder das Ende einer Begegnung oder Tätigkeit. Wir lernen diese Rituale als Kinder in unserer Herkunftskultur. Später übernehmen wir neue Formen durch Peergroups oder eine neue Umgebung. Durch Rituale erfahren wir eine Zugehörigkeit, wenn wir die Rituale kennen. Wir werden Teil einer Gruppe, zu der wir gehören wollen. Ähnlich ist es bei Krisen oder Konflikten. In der uns eigenen Herkunftskultur haben wir Rituale gelernt, die zum einen Konflikte einleiten und zum anderen Konflikte abschließen. So helfen uns Rituale, im vertrauten Rahmen damit umzugehen. Schwierig wird dies in einer Gesellschaft, die vielfältig geworden ist. Wir brauchen Offenheit und die Kenntnis über die unterschiedliche Herangehensweise in einem Konflikt.

Rituale unterscheiden sich von Mustern dadurch, dass wir diese zur Entlastung oder Bewältigung wählen. Muster wählen wir nicht. Ein wichtiges Ritual bei einem Konflikt ist die Bearbeitung selbst. Wie finden wir wieder zueinander? Wie schaffen wir Vergebung und Versöhnung? Wie verhindern wir eine Wiederkehr des gleichen Konflikts?

Rituale verleihen den Werten einen Raum. Bei einem Gruß geben Sie einen Wunsch weiter, der mit einem Wert verbunden ist. Dies wird durch Worte und Gesten vermittelt. In den Worten wünschen Sie beispielsweise einen „guten Tag", Sie berühren Sich mit den Händen oder winken oder küssen sich auf die Wangen, u.v.m. Es ist sehr vielfältig, wie dieser Wert verdeutlicht wird. Nur, diese Ausdrucksformen sind ebenfalls stark kulturell rückgebunden. Sie brauchen eine Klärung, welches Ritual für Sie passt. Deswegen ist es sehr problematisch, auf einen Gruß zu verzichten.

Um die Rituale können aber auch Konflikte entstehen. So kann ein*e Kolleg*in in ein Ritual absichtlich nicht eingeführt werden. Als Beispiel, wie in dem Team ein Geburtstag begangen wird oder wie man sich als Neue*r im Team präsentiert.

In manchen Teams gibt es eine bestimmte Form von Humor. Der Witz ist z. B. ein Entlastungsritual. Witze, die nicht verstanden werden, schließen aus. Witze können Themen beinhalten, die ausschließen.

Vergebung ist stark ritualisiert. Können wir nicht vergeben, sind wir wie Gefangene des Konfliktes. Vergebung ist eine der wenigen Formen, die uns aus einem unlösbaren Konflikt befreit. Sie kann einseitig erfolgen und braucht nicht die Zustimmung des*der Täter*in.

Verzeihen hingegen ist ein Ritual, zu dem ich meine*n Konfliktpartner*in brauche. Ich teile ihm*ihr mit, dass ich ihr verzeihe. Voraussetzung wäre hier das Schuldeingeständnis.

Versöhnung ist kulturell unterschiedlich ritualisiert. Oft geht sie mit dem Eingeständnis einer Schuld einher und der Bitte, die Entschuldigung anzunehmen. Beispiele für größere Versöhnungsprogramme sind die Wahrheitskommissionen in Südafrika und Ruanda oder die Versuche der Versöhnung zwischen Frankreich und Deutschland, usw. Versöhnungsrituale für den Alltag einer Schule oder eines Jugendzentrums zu entwickeln, sollte **vor** und nicht während des Konflikts geschehen. Hierzu gibt es Beispiele aus dem Täter-Opfer-Ausgleich.

Rituale sind für die Integration von entscheidender Bedeutung. Vermittle ich die Rituale meiner Kultur nicht, so sorge ich dafür, dass die andere Person ausgeschlossen ist. Das geschieht schon bei kleinen Kulturräumen. Wird der*die

Partner*in nicht in die Familienrituale eingeführt, bleibt er*sie fremd. Das kann erwünscht sein, um das Grundsystem von Abhängigkeit zu stabilisieren. Für den*die Ausgeschlossene*n ist es eine Katastrophe und ich kann ihm*ihr nur wünschen, dass er*sie ihre*n Partner*in konfrontiert, damit er*sie die nötigen Informationen erhält.

Einfache Erkennungsmerkmale für Konflikte rund um die Rituale sind die Wahrnehmung von Fremdsein, unversöhnliche Konflikte oder sich verloren wahrnehmen. Dann ist es sinnvoll, auf die Rituale zu blicken und herauszufinden, wer dafür sorgt, dass ich in Unkenntnis bleibe.

Eine kleine Übung: *Welches Ritual machen Sie vor einem Essen mit Freund*innen oder Ihrer Familie? Wie sieht das genau aus? Woher wissen Sie, dass Ihr Essen beginnt? Woran erkennen Sie, dass es aufhört? Welche Werte werden durch dieses Ritual vermittelt?*

Konfliktthemen, die kulturelle Themen beinhalten

Konflikte, die durch kulturelle Missverständnisse entstehen, gibt es reichlich. Häufig werden dabei die ersten Anzeichen übersehen und schon entsteht eine Kränkung. Kultur, wie wir sie verstehen, ist nur im geringen Maß an eine Staatszugehörigkeit gebunden. Es gibt keine nationale Kultur. Nationale Kulturen sind künstlich entstandene Vorstellungen, die meist von einer Ethnie dominiert werden. Selbst die Ethnie ist nicht kulturell eindeutig, denn unsere Kultur verändert sich mit jeder Begegnung. Wir sind durchmischt und deswegen keiner speziellen Kulturgruppe so einfach

zuzuordnen. Dennoch gibt es kulturelle Präferenzen, die wir uns im Laufe unseres Lebens in Gruppen angeeignet haben. So gibt es Kulturen, die eher beziehungsorientiert statt aufgabenorientiert zusammenarbeiten. Für diese ist es wichtig, zuerst mit einem kleinen Plausch zu beginnen, etwas vom Gegenüber zu erfahren, Stimmungen mitzubekommen. Für die an der Aufgabe orientierten Kulturgruppen wirkt dies lästig und unnötig. Sie wollen ihre Tagesordnungspunkte abarbeiten.
Konflikte entstehen, weil eine Person oder Gruppe glaubt, dass ihr Verhalten das ‚normale' in dieser Situation sei. So gehen die beziehungsorientierten Kulturgruppen davon aus, dass es einfach „normal" sei, mit einem kleinen Imbiss und Plausch anzufangen. Sehr schnell kommt es hier zu Kränkungen. Unterscheidungen finden wir auch bei einem personalen Umgang mit einem Problem, bei der Deutung von Regeln, der Gestaltung von Strukturen, dem Nutzen von Ritualen oder auch dem Verständnis eines Wertes. Diese Gemeinsamkeiten und Unterschiede machen ein Zusammenleben interessant aber nicht spannungsfrei. Gerade hier braucht es eine hohe Wahrnehmungs- und schnelle Reaktionsfähigkeit. Wenn wir von etwas überrascht sind, gibt es dahinter kulturelle Themen. Bei einer Kränkung ist die Ursache sicher kulturbedingt. Hass ist ein starker Gefühlsausdruck, der durch viele Kränkungen entsteht. Oft werden auch Kränkungen aus vertrauten Zusammenhängen zum Hass auf Menschen, die mit dem ursächlichen Konflikt nichts zu tun haben. Diese Ablenkungen oder Projektionen auf andere, um sich mit den eigentlichen Themen nicht zu beschäftigen, sind ebenfalls stark mit der Kultur verbunden. Projektionen schaffen eine Scheinzugehörigkeit, die Menschen verbindet, welche sich verloren glau-

ben. Konfliktbearbeitung bei kulturellen Themen hat viel mit Bildern und Geschichten zu tun. Ziel muss es sein, die Unterschiede und Gemeinsamkeiten sichtbar zu machen. Ohne dieses in den Blick zu bekommen, werden wir es nicht schaffen, uns zu verstehen. Aus diesem Grund haben wir mit dem A.T.C.C.-Ansatz viele Methoden entwickelt, die mit Geschichten oder Bildern arbeiten. Im Alltag kann das einfach umgesetzt werden. Wenn Sie etwas nicht verstehen und den Eindruck haben, dass Sie dies kränken könnte, bitten Sie Ihr gegenüber, dass was Sie stört durch eine Geschichte oder eine Erfahrung zu beschreiben. Besser noch, erzählen Sie eine eigene Geschichte.

Übung: *Überlegen Sie sich, wann Sie in den letzten Tagen von einem Verhalten eines Menschen überrascht waren! Wodurch ist Ihnen diese Überraschung aufgefallen? Wie sind Sie damit umgegangen? Dürfen Sie überhaupt überrascht sein?*

Konfliktthemen, die mit den Werten zusammenhängen

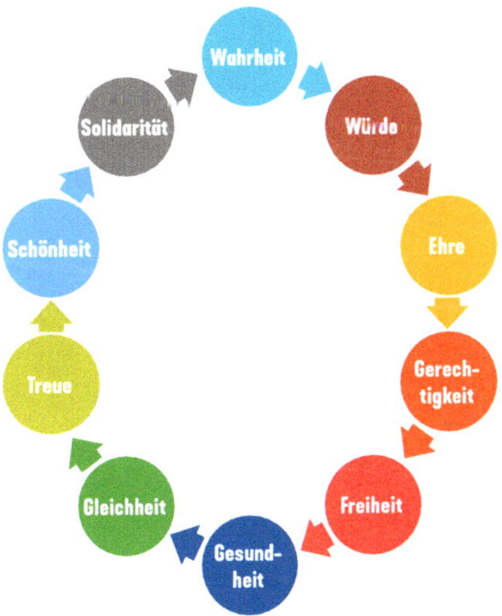

Was unseren Ansatz konstruktiv macht, ist die Orientierung an den 10 Werten. Konfliktbearbeitung ist zum einen beziehungsorientiert und auch wertegeleitet. Sie ist nicht neutral. Selbstverständlich werden wir in einer Beratung allparteilich herangehen. Wir sind uns jedoch bewusst, dass wir mit dem Konflikt verbunden sind, den wir bearbeiten. Der Begriff der Werte ist ähnlich dem der Macht oder des Konfliktes eine Frage, wie wir ihn interpretieren und auch nutzen. Wenn wir ihn liberal nutzen, so ist alles wichtige ein Wert. Vor allem kommt noch der Geldwert hinzu. Werte scheinen auch manche Menschen als Maßorientierung zu verwenden. Wir begreifen den Begriff des Wertes hier anders.
Werte sind für mich positive Orientierungen, die wir mit anderen Menschen teilen. Sie sind wie Fixsterne für den Seefahrer. Sie geben eine Richtung vor, sind aber selbst unerreichbar. Werte erhalten durch die Regeln oder das Recht einen Rahmen. Sie werden durch Rituale immer wieder in Erinnerung gebracht. Doch das Scheitern an ihnen ist vorgegeben. Wir können uns z.B. nur der Wahrheit annähern oder in einem bestimmten Maß gesund sein.

Wir arbeiten im A.T.C.C.-Ansatz mit zehn Werten.

Die Werte

1 Die **Würde** - Sie entspricht unserem eigenen Geliebt-sein und dem, wie wir uns unserer Umwelt liebevoll zuwenden.

2 Die **Ehre** – Sie wird durch ein moralisch gutes Handeln und Wirken sichtbar.

3 Die **Freiheit** – Sie ermöglicht es uns, eine Entscheidung zu treffen, die wir auch verantworten können.

4 Die **Gerechtigkeit** – Sie gibt uns die Möglichkeit, die vorhandenen Güter dieser Erde so zu verteilen, dass sie allen Wesen dieser Welt zum Guten gereicht.

5 Die **Treue** – Sie entspricht dem, was wir brauchen, um im Vertrauen miteinander leben zu können.

6 Die **Schönheit** – Durch sie versuchen wir, das Unfassbare sichtbar werden zu lassen.

7 Die **Gleichheit** – Sie garantiert uns, dass alle Menschen auf dieser Erde das gleiche Recht und den gleichen Schutz in Anspruch nehmen dürfen.

8 Die **Solidarität** – Sie vermittelt uns, dass wir soziale Wesen sind und unser Wirken immer auch in Verbindung mit allen ist.

9 Die **Gesundheit** – Sie ist der Versuch so zu leben, dass wir uns immer gewahr sind, wie einmalig und wie verletzlich unser Leben ist.

10 Die **Wahrheit** – Sie gibt uns die Orientierung des Wortes. Andere können sich auf meine Aussage verlassen, wie ich mich auf deren Mitteilung verlassen kann.

Es kann sicherlich noch mehr geben. Doch oft sind dies dann Tugenden, Ziele, Erwartungen, Gefühle oder Eigenschaften. Mit dieser Konstruktion der Werte wird es leichter, potentielle Konflikte zu bearbeiten. Die Werte stehen in einem systemischen Zusammenhang. Jeder Wert verfügt über einen Un-Wert. Diese sind das Gegenteil dessen, was der Wert beinhaltet. Es ist eine sehr geschickte Manipulationstechnik, einen Wert so zu gestalten, dass der Un-Wert mit ihm identisch wird. Der ehemalige amerikanischer Präsident Donald Trump hat dies ganz öffentlich getrieben. Bei ihm wurden nachweisliche Lügen zur Wahrheit. Damit lügen diejenigen, die belegen, dass er die Unwahrheit gesagt hat. Faszinierend, mit welcher Dreistigkeit er dabei vorgegangen ist. Doch es entlarvt das, was in vielen Ohnmachtssystemen Alltag geworden ist. Die Werte kehren sich um und verhindern Beziehungen. Wir werden zu Inszenierungen. Wir inszenieren Begegnungen, in denen wir optimal funktionieren, aber leer und schal sind.

Die Un-Werte werden im Deutschen oft mit dem Un-Wort genutzt: Unwahrheit, Untreue, ungerecht, usw. Wir haben festgestellt, dass die Un-Werte eine eigene Dynamik entwickeln, wenn sie nicht sofort als „Un“ wert genannt werden. Lügen ist eine Kunst, die einige sehr gut beherrschen. Ähnlich ist es mit dem Verrat oder dem Betrug. Deswegen sind die Un-Werte nicht mit dem „Un“ beschrieben, sondern mit eigenen, dynamischeren Worten.

Die 10 Un-Werte

1 Aus der Würde wird die **Erniedrigung** oder Demütigung. Sie versucht die Einzigartigkeit des Menschen auszulöschen.

2 Die Ehre gestaltet sich als **Schande**. Je schlimmer die Tat, desto weniger wird diese erfassbar.

3 Die Freiheit wird zur **Abhängigkeit**. Dadurch können wir uns aus jeglicher Verantwortung ziehen.

4 Aus Gerechtigkeit wird **Betrug**. Damit erlauben sich Menschen, alles für sich zu beanspruchen und die Folgen ihres Handelns anderen aufzubürden. Je betrügerischer eine Bank oder eine Person handelt, desto mehr Gewinne kann diese auf sich verbuchen.

5 Aus Treue wird **Verrat**. Damit können wir Dinge tun, die uns aus der Bindung befreien.

6 Die Schönheit wird **hässlich**. Wir können uns damit dem Begehren entziehen. Ekel bindet auf dem Weg der Zerstörung.

7 Die Gleichheit wird zur **Vorteilsnahme (Korruption)**. Damit haben wir die Möglichkeit die Dinge in Anspruch nehmen zu dürfen, die nur für uns bestimmt sind.

8 Die Solidarität wird zur **Ausbeutung**. Sie ermöglicht das Maximale aus dem Gegenüber herauszuholen.

9 Die Gesundheit wird zur **Krankheit**. Wenn Krankheit eine Orientierung wird, kann alles Giftige und Schädliche konsumiert oder gemacht werden.

10 Die Wahrheit ist dann die **Lüge**. Wir müssen uns dann auf nichts mehr verlassen. Jede*r kann seine* ihre eigene Wahrheit erschaffen.

Un-Werte sind ein wesentliches Merkmal der Ohnmacht. Wir haben mit dem Macht-Raum die Möglichkeit an dieser Ohnmacht zu arbeiten, die Unwerte aufzudecken, die Manipulationen zu entlarven und die Willkür aufzuzeigen. Offensichtlich sind meist der Zwang und die Gewalt, die für die Durchsetzung genutzt werden. Gegen-Macht zu entwickeln bedeutet von den Un-Werten wieder zu den Werten zu kommen. Am Beispiel der Kriegsbeteiligungen Deutschlands aus der offensichtlichen Propaganda immer wieder die Wahrheiten aufzudecken, zum Beispiel wie viele Kriegsdienstverweigerer aus der Ukraine, Russland und Weißrussland in Deutschland Zuflucht suchen. Das Übergriffe auf das Staatsgebiet Russlands, wie z.B. Drohnenangriffe auf Moskau, eindeutig gegen eine Verteidigung des eigenen Territoriums sprechen. Das in einem nicht gewinnbaren Stellungskrieg gegen eine der größten Militärmächte der Welt unzählige Menschen getötet werden und das Land auf Jahrzehnte nicht mehr bewohnbar ist.

Die Ideale

Wie im Kapitel der Allmacht schon aufgezeigt, können Werte pervertiert werden, indem wir sie absolut setzen. Wir nennen dies dann ein Ideal. So wird aus der Wahrheit die absolute Transparenz. Alles was gemacht wird, muss nachvollziehbar sein. Wo wir hinfahren, mit wem wir reden,

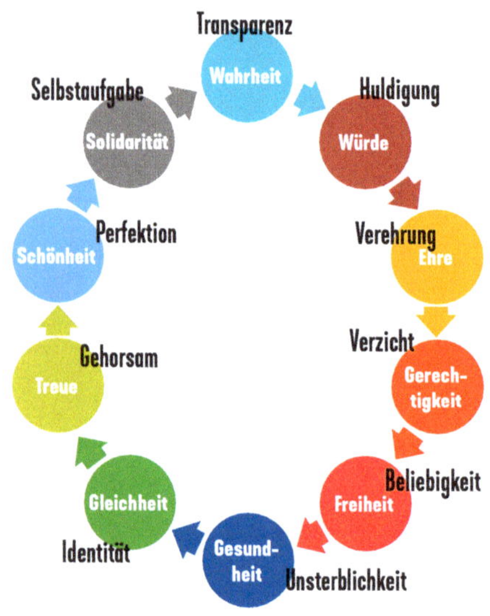

was wir einkaufen, was wir lesen. Dieses Ideal wird meist verklärt. Wir kommen zu einer transparenten Gesellschaft. Keine*r kann mehr ein Verbrechen begehen, denn es wird sofort aufgedeckt werden können. Auch hier gibt es entsprechende Zukunftsromane, die sich damit kritisch auseinandersetzen. Philosophisch hat Bung Chul Han dies in seinem Buch: *Die Transparenzgesellschaft* aufgearbeitet.

Im Ideal wird

1 die Würde zur **Huldigung**. Wir richten die Liebe von uns weg und richten sie auf eine bestimmte Person. Diese erhält dann die Zuwendung in einem übersteigertem Maß.

1 die Ehre zur **Verehrung**. Es geht dabei um unser Handeln und Wirken für eine Gruppe oder Person. Das Handeln ist nicht mehr in der eigenen Verantwortung.

2 die Freiheit zur **Willkür**. Für unser Handeln müssen wir keine Verantwortung übernehmen. Es ist entscheidend, dass wir handeln können.

3 die Gerechtigkeit zum **Verzicht**. Wir verzichten, damit alle mehr bekommen. Damit einher geht das Verbot der Bedürftigkeit und der Bedürfnisse.

4 die Treue zum **Gehorsam**. Wir unterwerfen uns der Idee und den damit verbundenen Personen. Es braucht damit keinen Zweifel mehr.

5 die Schönheit zur **Reinheit/Perfektion**. Es gibt keinen Fehler mehr. Alles ist eine berechenbare Größe.

6 die Gleichheit zur **Norm/Konformität**. Wir müssen uns angleichen, damit keine Konflikte durch Unterschiede entstehen.

7 die Solidarität zur **Selbstaufgabe**. Wir geben uns für eine Sache auf und wollen nur noch für andere da sein.

8 die Gesundheit zur **Unsterblichkeit**. Wir versuchen, statt der Qualität des Lebens, das Lebensalter zu verlängern.

9 die Wahrheit zur **Transparenz**. Alles wird überprüfbar und unter Kontrolle gebracht.

Wer sich diese Liste ansieht, kommt nicht umhin, sich öfter mal selbst an die Nase zu fassen. Wie gerne geben wir die eigene Verantwortung auf. Es ist auch nachvollziehbar, angesichts unserer massiven Beteiligungen an der Bedrohung des menschlichen Lebens auf diesem Planeten. Diese Funktion der toxischen Allmacht ist nicht nur bei den extremistischen Gruppen zu finden, die offensichtlich demokratiefeindlich sind. In unseren Beratungen in Wohnprojekten, bei NGO´s oder sozialen Bewegungen taucht dieser „ideale" Ansatz ebenfalls auf. Er bringt aktive Gruppen zum Verstummen und macht sie handlungsunfähig, da sie eine „Reinheit" in ihrem Denken, Fühlen und Handeln anstreben.

Zum Nachdenken: Wenn Sie heute mit dem Auto zu einem Treffen fahren: Welchem Wert haben Sie damit den Vorrang gegeben? Welche Werte geraten ins Hintertreffen? Welche Werte wollen Sie gar nicht wahrnehmen?

Konflikte bearbeiten oder lösen?

Wer einen Konflikt **lösen** möchte, muss davon ausgehen, dass die ursächlichen Themen endgültig beseitigt sind. Da es aber unserer Ansicht nach um lebenswichtige Themen geht, wäre eine Beseitigung nur durch Gewalt möglich. Will ich die Welt auf lange Sicht friedlicher machen, braucht es die Bereitschaft, mehr zu streiten. Umso mehr wir streiten, also einen Konflikt ansprechen und z. B. das dahinterliegende Bedürfnis verhandeln, desto leichter wird es. Wir erfahren, dass Konflikte nicht die Dramatik haben, die wir immer befürchten. Wir finden dann eigene Wege, wie wir mit bestimmten Menschen unser Problem aushandeln. Umso weniger wir das tun, desto schwieriger wird es, den ‚richtigen' Zeitpunkt, die ‚richtige' Methode oder die ‚richtige' Sprache zu finden. Gewaltfreiheit bedeutet, viele Konflikte so zu bearbeiten, dass beide daraus einen Gewinn ziehen. Wer glaubt, dass durch Gewaltfreiheit Konflikte reduziert werden könnten, ist auf dem Weg zur Gewalt.

Aggression, Gewalt und Krieg

Leider ist in der Öffentlichkeit nur eine bestimmte Definition von Aggression und Gewalt vorhanden. Viele sehen Aggression als schädliches Verhalten. Aus unserer Sicht beschreibt Aggression die Energie, die notwendig ist, um auf jemanden zuzugehen und dabei die eigene Grenze zu bewahren. Aggression ist somit eine wichtige Lebensenergie. Mit dieser Sicht sind wir nicht alleine. Schon Erich Fromm hat in seinem Buch „Die Anatomie der menschlichen Destruktivität"[8] Aggression nicht in dem negativen und schä-

8 Erich Fromm: Anatomie der menschlichen Destruktivität, Gesamtausgabe Bd. 7, 1980;

digenden Kontext gesehen. Versuche ich Aggression zu unterdrücken, entsteht sehr schnell Gewalt. Es ist immer wieder erstaunlich, welche Wirkung bestimmte Sichtweisen und Thesen für unser menschliches Zusammenleben haben. Betrachte ich Aggression unter dem Blickwinkel, dass sie mich in Kontakt mit einem anderen Menschen bringt, so kann ich einen Jungen, der mit massiven Übergriffen in einer Grundschule auffällt, anders betrachten. So kann ich ihm mit entsprechenden Trainings zuerst vermitteln, dass es gut ist, Kontakte zu anderen Menschen zu haben und ihm Möglichkeiten an die Hand geben, wie er diese Kontakte anders gestalten kann. Würde ich sein Bestreben nach Kontakt abwerten, bestätige ich sein Verhalten.

Gewalt hat ihre Wurzeln in der Aggression. Die Kraft, um auf jemanden zuzugehen, kann auch dazu führen, dass ich über die Grenze des anderen gerate, ohne die Erlaubnis dafür zu haben. Gewalt beginnt aus unserer Sicht mit dem Überschreiten der Grenze eines anderen, ohne dessen Erlaubnis zu haben. Mit unterschiedlichen Experimenten[9] wurde deutlich, dass Gewaltanwendungen sehr leicht fallen, wenn wir einen Auftrag dafür erhalten haben. Am Besten funktioniert es, wenn dieser Auftrag mit dem Guten verbunden wird. So brauchte es bei dem Milgram-Experiment einen konstruierten Auftrag (‚Es dient der Wissenschaft'), um einen Menschen mit Elektrostößen zu quälen oder auch zu töten. In dem Stanford-Experiment[10] wurden die Teilnehmenden aufgefordert einen „realistischen" Bezug herzustellen, damit die Gefangenen sich als Gefangene

9 Rutger Bregman: Im Grunde gut, 2020, hat in seinem Buch populäre psychologische Experimente untersucht und in allen festgestellt: Die wirkungsvollste Methode, um einen Menschen dazu zu bringen, einem anderen Gewalt anzutun, ist ihm zu erklären, dass es dem „Guten" dient.

10 Philip Zimbardo: Der Luzifer-Effekt, 2007

erleben. Vorher hatten sie gemeinsam Karten gespielt. Nach der Intervention musste das Experiment abgebrochen werden, da es massive Übergriffe und Ansätze zur Folter gegeben hat. Ein Auftrag in der Erziehung könnte die Vorstellung sein, dass gute Noten eine bessere Zukunft bedeuteten. Diese Aufträge werden u.a. durch kulturelle Annahmen vermittelt. Heute finden Eltern den Auftrag „gute Eltern" zu sein über entsprechende Ratgeber-Apps.

Wie töten möglich wird

Die weit verbreitete kulturelle Vorstellung, dass unser letztes Mittel in einem Konflikt die Gewalt sei, erlaubt die Tötung anderer Menschen sowie die Vorbereitung der Vernichtung der Menschheit. Kriege sind strukturell und funktionieren auf dieser absurden Vorstellung, dass wir per Befehl eines Vorgesetzten einen anderen Menschen verletzen oder gar töten dürften. In einer militärischen Auseinandersetzung wird all das vernichtet, was zu schützen vorgegeben wird.

Ich befürchte, wir werden mit dieser todbringenden Vorstellung leben müssen. Das ‚Böse' ist leider das Gegenstück zum ‚Guten'. Würde diese Gefahr unseres Scheiterns nicht vorhanden sein, könnten wir vor lauter ‚guten Willen' eine sehr dystopische Zukunft gestalten. Gewalt wird ein Teil unseres Lebens sein. Wir werden sie nicht loswerden können, doch wir müssen einen konstruktiven Umgang damit finden. Das löst sicherlich einige Fragezeichen aus. Ist es nicht einfacher, die Gewalt zu beseitigen? Ist es nicht sinnvoller, eine absolute friedliche Welt zu erschaffen, in der es keine Waffen mehr gibt? Sicherlich muss ein erstrebenswertes Ziel sein, die Kriege zu unterbinden und zu verhindern. Aktuell sind es an die 20 aktiven Kriege. Jeder dieser Kriege

bindet genau die Ressourcen, die wir für unser Über-Leben auf dieser Erde brauchen.
Die Friedensbildung, von der ich ausgehe, versucht deutlich zu machen, dass wir zu beidem in der Lage sind. Wir können töten *und* das Leben lieben. Wir sind in der Lage uns zu entscheiden. Das muss das Ziel einer Friedensbildung sein. Mündige Menschen, die sich für einen friedlichen Umgang entscheiden werden. Dazu braucht es eine beziehungsorientierte Pädagogik, die nicht abspaltet, sondern integriert. Es verursacht Leid, zu wissen, dass wir diese Welt in der Form nicht mehr erhalten können. Noch mehr Leid würde es schaffen, wenn wir eine Vorstellung entwickeln, dass sie besser sein könnte, wenn diese oder jene Menschen tot wären.

Konflikte verlangen von uns authentisch zu sein – Techniken helfen nur bedingt

Konflikte zu leben und sie konstruktiv zu bearbeiten verlangt, mit uns und anderen in Beziehung und in Resonanz zu sein. Wir finden darin einen wichtigen Zugang zu unserer eigenen Authentizität. Wenn wir glauben, dass Techniken, sei es Gesprächs- oder Vermeidungstechniken, dabei helfen würden, dann täuschen wir uns. Techniken haben die Eigenschaften, dass wir uns aus dem Kontakt bringen. Wer sich selbst aus dem Zusammenhang des Konfliktes bringt, will sich nicht selbst ändern. Wer glaubt, dass andere für die ungerechte Verteilung der Güter dieser Welt verantwortlich seien, übersieht die eigene Beteiligung und macht sich dadurch ohnmächtig.
In dem Einstiegsbeispiel mit der Kollegin, kann ich mit einer besonderen Gesprächstechnik auf die Kollegin zugehen

und ihr mitteilen, dass ich ein Problem mit ihrem Verhalten habe. Das Problem ist nur: Wie schaffe ich es, authentisch zu sein? Authentisch bin ich, wenn ich mein eigenes Leid und meine eigene Verunsicherung in der Form benenne, wie sie mir eigen ist. Ich muss nicht mein Gefühl beschönigen, in einem positiven Sinn formulieren oder nett sein. Ich sollte bei mir bleiben, das ist das Wesentliche und Schwierige. Damit werde ich meine Kollegin auch nicht demütigen. Indem wir mit den Konfliktthemen in Kontakt gehen, finden wir die Hebel der Veränderung **und** bleiben vital und lebendig. Wer Trauer, Angst oder Wut angesichts der momentanen Entwicklungen spürt, sollte nicht vergessen, dass diese Emotionen wichtige Lebensenergien sind. Die Freude über die vielen Menschen, die heute engagiert sind, ist authentischer, wenn wir auch das Leid und die Verzweiflung über die aktuellen Bedingungen zulassen.

Selbsthilfe

Wir können uns in vielen Konflikten selbst helfen. Wichtig ist es, das Wahrnehmen zu lernen und die eigenen Bedürfnisse oder Themen zur Verhandlung zu bringen. Dafür bieten wir Seminare und Workshops an. Die Trainer*innen arbeiten in diesen Angeboten authentisch und vermitteln Ihnen einen für Sie passenden Zugang. Es gibt keinen allgemein gültigen Weg. Dafür sind wir zu vielfältig und einzigartig. Die Grundelemente für eine konstruktive Bearbeitung eines Konfliktes sind:

1 benennen, um was es geht;
2 eine Verbindung zu den Gefühlen schaffen;

3 den Blick auf den Konflikt öffnen und unterschiedliche Aspekte zulassen;

4 klären, was im konkreten Zusammenhang gebraucht wird.

Voraussetzung dafür ist, der eigenen Wahrnehmung zu vertrauen!

Hilfe von Dritten

In Konflikten, vor allem mit hohen strukturellen und kulturellen Anteilen, ist es gut, eine*n Dritte*n dazu zu holen. Mediation ist **eine** der vielen Formen, wie eine dritte Person in einem Konflikt sinnvoll teilhaben kann. Wir haben den Begriff der Konfliktberater*in gewählt. Unsere ausgebildeten Konfliktberater*innen arbeiten vielfältig und authentisch. Das bedeutet, dass sie Anteil nehmen an dem, was in dem Konflikt geschieht. Dadurch haben sie unzählige Möglichkeiten, den Konfliktparteien eine Unterstützung zu sein, aber auch sich selbst weiterzubringen. Eines unserer Qualitätsmerkmale ist, dass eine gelungene Beratung auch dem*der Berater*in wichtige Impulse für sein*ihr eigenes Leben bringt.

Wir beraten erfolgreich NGOs, Stiftungen, Unternehmen, Verwaltungen, Ämter, kommunale Einrichtungen, Einzelpersonen (sei es aus dem Leitungsbereich oder in den üblichen Lebenskrisen), Paare oder Projekte, die sich auf die Suche nach einem gemeinsamen Zusammenleben machen.

Gesellschaftliche Konfliktaustragung

Wir sind alle ein Teil dieser Welt. Unsere Konfliktbearbeitung ist umfassend auf den Frieden in dieser Welt ausgerichtet. Ohne Frieden werden die aktuellen Probleme wie die Zerstörung unserer Umwelt, die schreckliche soziale Ungerechtigkeit, die diskriminierenden Zugänge zur Bildung und anderen Ressourcen, die Verelendung eines großen Teils der Weltbevölkerung usw. nicht bearbeitet. Sie sind jedoch zugleich auch Ursachen für Gewalt und Krieg. Hier wichtige Impulse zu setzen, braucht eine entsprechende Bildungsarbeit. Dafür bilden wir **Trainer*innen in konstruktiver Konfliktbearbeitung und transkulturellem Lernen** aus. Die von uns ausgebildeten Trainer*innen arbeiten im zivilen Friedensdienst, in Konfliktregionen und in Stadtteilen und Organisationen. Mit vielen unterschiedlichen Programmen versuchen sie Tag für Tag, einen Wandel in den Einstellungen und Haltungen voranzubringen –angefangen in der Elementarerziehung bis zur Arbeit mit älteren Menschen. Gesellschaftlicher Wandel braucht ein Wissen über den ‚Hebel der Veränderung'. Mit unserem **CAT-Programm** (Civic action and transformation) und den darin entwickelten Konfliktanalyseverfahren finden wir diese Hebel. Die Initiativen und Organisationen, die damit arbeiten, können auf lange Sicht die Veränderungen erreichen, die sie als wichtig und wertvoll erachten.

Unser **A.T.C.C.-Machtraum-Modell** ist ein passendes Werkzeug für die eigene Ermächtigung auf gesellschaftlicher Ebene und in Organisationen. Mit diesem Werkzeug können Lebensgemeinschaften, Vereine, Gemeinden und Firmen einen Weg für eine konstruktive und effektive Leitung finden. Ausschlussprozesse, auch Mobbing genannt, sind

meist auf ein indifferentes Leitungsverhalten zurückzuführen. Mit dem A.T.C.C.-Machtraum-Modell lässt sich dieses gut erkennen und verändern.
Kulturelle Konfliktthemen sind schwer zu fassen. Unser transkultureller Werkzeugkasten, mit der **„Integrationsmatrix"**, ermöglicht es, leichter kulturelle Themen anzusprechen und Wege zu finden, um das Verbindende über dem Trennenden zu sehen.
Zur Gewaltprävention im Elementarbereich haben wir das **„WIR-Projekt"** entwickelt. Wir arbeiten hier mit den Kindern, den Erziehenden und Lehrkräften sowie den Eltern. Für sogenannte Integrations- oder Willkommensklassen wurde ein spezielles Werkzeug entwickelt, das **„WIR-Ü"**. Es ist ein Projekt, um den Mut zu finden, hier anzukommen *und* die eigene Identität zu wahren. Auch hier arbeiten wir auf den drei Ebenen Kinder, Lehrkräfte und Eltern.
Für die Mittel- und Oberstufen haben wir unterschiedliche Lernspiele und Methoden entwickelt, die Bezüge zwischen den gesellschaftlichen Konflikten und unserem alltäglichen Leben schaffen. Das Brettspiel **„Civil World"** ist gut geeignet, in kürzerer Zeit eine Vorstellung zu bekommen, welche Handlungsmöglichkeiten wir haben, um für Gerechtigkeit im Alltag einzutreten. Das Lernspiel **„Civil Powker"** dauert einen ganzen Tag und ermöglicht einen Einblick in die zivilgesellschaftlichen Möglichkeiten in Deutschland. Ab 2024 steht ein Lernspiel zur innergesellschaftlichen Konfliktbearbeitung bereit.
Diese oben beschriebenen Entwicklungen sind stark auf die Bewusstseinsbildung und damit Veränderung durch Einsicht ausgerichtet. Grundlage aller Veränderung ist der Dialog. In manchen gesellschaftlichen Auseinandersetzungen braucht es Konfrontationsmittel, um den Dialog zu er-

zwingen. Dazu zählen die vielfältigsten Formen des gewaltfreien Widerstandes. Sind Regierungen oder Parteien nicht bereit, über Ungerechtigkeit in einen Dialog zu gehen, so kann dieser durch öffentliche, kreative Aktionen wie Demonstrationen, Statuentheater, Blockaden oder andere Bereicherungen des Alltags errungen werden. Es geht immer wieder um die Grundfrage: Ist das, was ich mache, mit dem stimmig, was ich erreichen will?

Literaturliste zum Vertiefen:

Bauer Joachim: Prinzip Menschlichkeit. Freiburg 2008

Ders: Warum ich fühle, was Du fühlst: Intuitive Kommunikation und das Geheimnis der Spiegelneuronen. Freiburg 2006

Ders: Schmerzgrenze, Ursprung alltäglicher und globaler Gewalt. Freiburg 2013,

Bittl, Karl-Heinz: Abenteuer Kultur, Nürnberg 2007

Ders: Gewaltfrei handeln, Nürnberg, 1993;

Ders: Die Wertekiste, Nürnberg 2005

Ders: Lebenswelt Konflikt, 2010

Ders: Die Integrationsmatrix 2015

Ders: Das WIR-Projekt - Handbuch 2014

Ders: Civil Powker - Handbuch 2016

Ders: Konstruktive Konfliktbearbeitung, Teil 1 Personale Konflikte, 2023

English, Fanita: Wenn Verzweiflung zu Gewalt wird. Gewalttaten und ihre verborgenen Ursachen, Freiburg 2000

English, Fanita; Koschorke, Martin: Intensiv leben. Berlin 2016

Ensel, Leo: Richtige Angst und falsche Furcht: psycholog. Friedensvorbereitung u.d. Beitr. d. Pädagogik. Frankfurt am Main 1984

Fromm, Erich: Die Furcht vor der Freiheit. Gesamtausgabe

ders. Anatomie der menschlichen Destruktivität.

ders.: Wege aus der kranken Gesellschaft.

Fisher, Simon u.a: Working with conflict. New York 2000

Galtung Johan: Frieden mit friedlichen Mitteln. Friede und Konflikt, Entwicklung und Kultur. Leske und Budrich, Opladen 1998

Girard, Rene: Das Heilige und die Gewalt. Zürich 1987

Ders: Der Sündenbock. Zürich 1988

Goolman, Daniel: EQ. Emotionale Intelligenz. Frankfurt 1997

Hüther, Gerald; Quarch, Christoph: Rettet das Spiel. 2016

Hüther,Gerald: Biologie der Angst. Wie aus Streß Gefühle werden. Vandenhoeck & Ruprecht, 2011

Richter, Horst Eberhard: Flüchten oder Standhalten. Aktuelle Ausgabe: Psychosozial-Verlag, 2011

Riemann, Fritz: Grundformen der Angst. München 1992.

Rojzman, Charles: Der Hass, die Angst und die Demokratie, München 1997

Schultz von Thun, Friedemann: Miteinander reden, Bd 1-3. Frankfurt 1997

Spitzer, Manfred: Lernen, Gehirnforschung und die Schule des Lebens, Heidelberg 2006

Satir, Virginia: Selbstwert und Kommunikation. Familientherapie für Berater und zur Selbsthilfe (Leben Lernen 18), 2011

Vroon, Piet: Drei Hirne im Kopf. Warum wir nicht können, wie wir wollen. Stuttgart 1992

Diese Literaturliste ist nur eine sehr beschränkte Auswahl. Mehr ist in den Handbüchern und vertiefenden Literaturen zu finden.

Autor

Karl-Heinz Bittl
Im Jahr 1956 kam ich in einer fränkischen Kleinstadt zur Welt. Ich bin Freiberufler. Von meiner ersten Ausbildung bin ich Werkzeugmacher. Über den zweiten Bildungsweg wurde ich Dipl. Sozialpädagoge. Im Rahmen eines Zusatzstudiums (MA) in Soziologie, Philosophie und Psychologie eröffneten sich mir neue Welten. Ich konnte in Ausbildungen zur Transaktionsanalyse, der Gestaltberatung und des systemischen Ansatzes meine Herangehensweise als Coach und Supervisor (EASC) erweitern. Seit 1979 durfte und darf ich durch meine Arbeit im Bereich Konflikt und Kultur unzählige wichtige Erfahrungen machen. Ich bin verheiratet und Vater von vier Kindern, die mich hoffentlich gut erzogen haben.
Mit vielen Kolleg*innen konnte ich den A.T.C.C.-Ansatz mitentwickeln. Er steht für eine wertorientierte und kulturbezogene Konfliktbearbeitung. Zu diesem Ansatz bilde ich mit Kolleg*innen, Trainer*innen (Bildungsarbeit) und Konfliktberater*innen im In- und Ausland aus.
Ich bin in der Aus- und Weiterbildung sowie in der Beratung im Europäischen Raum tätig und arbeite mit Führungskräften, Lehrkräften, Sozialarbeiter*innen, Erzieher*innen, Eltern, Teams und Organisationen.
Dafür bin ich sehr dankbar.

Mehr unter
www.eiccc.org,
www.konfliktberater.org
Kontakt:
kontakt@eiccc.org

A.T.C.C.- Konfliktbearbeitung –

Verbund für TrainerInnen und BeraterInnen e.V.

Wir sind ein Zusammenschluss von Trainer*innen und Berater*innen, die nach und mit dem A.T.C.C.-Ansatz arbeiten.

Als Trainer*innen arbeiten wir in der Jugend- und Erwachsenenbildung. Wir gestalten Seminare und Projekte mit den unterschiedlichsten Zielgruppen, die unseren ethischen Orientierungen entsprechen. Wir arbeiten mit Erzieher*innen von Kindertagesstätten, Eltern, Lehrkräften, Arbeitnehmer*innen, Leitungen, Studierenden, Teams, NGOs, Unternehmen, Verwaltungen, Gemeinden und Gemeinschaften. Die Themen sind ebenfalls von unserer Vielfalt geprägt: u.a. Einführungen und Vertiefungen in der konstruktiven Konfliktbearbeitung, gelingende Kommunikation, transkulturelles Lernen und Zusammenarbeiten, Civic Action and Transformation, Leben in Gemeinschaft, Zusammenarbeit mit Werten, Erziehungsthemen. Die authentische Anteilnahme an den Prozessen ist ein wichtiges Prinzip für unsere Arbeit.

Als Berater*innen unterstützen wir Einzelne, Teams und Organisationen bei ihrer Entwicklung. Für uns sind Konflikte und Krisen ein Hinweis auf eine notwendige Entwicklung, die wir gerne begleiten. Wir arbeiten in Kontakt mit den Themen und den Beratenen. Wir achten auf eigene Themen, die in der Beratung aktiv werden und bringen diese auch als Potential mit ein. So entsteht im Beratungsprozess eine gemeinsame Entwicklung der Berater*in und der Klient*innen.

Als deutschsprachiges Netz unterstützen wir uns gegenseitig, indem wir

- uns regelmäßig zu Regionalgruppen treffen,
- thematische Jahreskonferenzen gestalten,
- gemeinsame Projekte organisieren und
- Lust und Freude an Austausch und Zusammenarbeit untereinander haben.

International sind wir mit den anderen Ländergruppen verbunden und führen in regelmäßigen Abständen Konferenzen durch.
Homepage:
http://atcc-konfliktbearbeitung.de
Kontakt:
info(at)a-t-c-c.de
Adresse:
A.T.C.C. Konfliktbearbeitung, Hessestr.4, 90443 Nürnberg

Ausbildungsangebote

Ausbildung zur Trainer*in in ziviler, gewaltfreier Konfliktbearbeitung und transkulturellem Lernen (A.T.C.C.).

Diese berufsbegleitende Ausbildung befähigt die Teilnehmenden Trainings, Seminare und Grundkurse zur A.T.C.C.-Konfliktbearbeitung und transkulturellem Lernen durchzuführen. Es ist vor allem eine pädagogische Ausbildung. Ziel ist es, die Inhalte in die pädagogische Arbeit einfließen zu lassen. Diese Ausbildung ist für Menschen geeignet, die im zivilen Friedensdienst Seminare und Trainings durchführen wollen, Trainer*innen, die bereits zum Thema Konfliktbearbeitung arbeiten, Schulsozialarbeiter*innen, Menschen, die in der Jugend- und Erwachsenenbildung tätig sind oder tätig werden wollen.
Leitung: Karen Johne, Karl-Heinz Bittl-Weiler
Gesamtdauer: 10 Seminare, 36 Seminartage, 250 Stunden, Supervisionen, Intervisionsarbeit.

Ausbildung zur Konfliktberater*in und Coach (A.T.C.C.)

Diese berufsbegleitende Ausbildung befähigt Sie, mit dem A.T.C.C.-Ansatz Beratungen und Coachings durchzuführen. Viele A.T.C.C.-Methoden sind aus der 35-jährigen Arbeit als Konfliktberater und Coach im internationalen Kontext entstanden. In den letzten 10 Jahren wurde dies mit Ansätzen aus dem therapeutischen Bereich von Karen Johne erweitert. Die A.T.C.C.-Werkzeuge der Beratungs- und Coachingarbeit haben ihre Wurzeln in vier Richtun-

gen der humanistischen Psychologie: dem systemischen Ansatz, der Gestaltberatung, der Arbeit der Transaktionsanalyse und der Group Relation.
Die Ausbildung ist für Menschen geeignet, die im beraterischen Bereich tätig sind oder sich während der Ausbildung in diese Richtung entwickeln wollen. Unsere Teilnehmenden arbeiten erfolgreich mit den Methoden in der Schule, in Beratungsstellen, mit Unternehmen, bei Paar-Konflikten, mit NGOs, in der Organisationsberatung und in internationalen Projekten.
Leitung: Karen Johne, Karl-Heinz Bittl-Weiler
Gesamtdauer: 14 Seminare, 39 Seminartage, 275 Stunden, Supervisionen, Intervisionsarbeit.

Ausblick:
Für ausgebildete Berater*innen ist eine Weiterbildung zur A.T.C.C. Supervisor*in geplant.